FACULTÉ DE DROIT DE CAEN

DROIT ROMAIN

DE LA SUBROGATION EN GÉNÉRAL

DROIT FRANÇAIS

DE LA SUBROGATION LÉGALE

THÈSE POUR LE DOCTORAT

SOUTENUE PUBLIQUEMENT

DANS LA GRANDE SALLE DE LA FACULTÉ DE DROIT

LE 18 DÉCEMBRE 1880, A 3 HEURES DU SOIR

PAR

ALBERT LELONG

AVOCAT

SAINT-LO

IMPRIMERIE JEAN DELAMARE, RUE DE LA PAILLE

1880

FACULTÉ DE DROIT DE CAEN

DROIT ROMAIN

DE LA SUBROGATION EN GÉNÉRAL

DROIT FRANÇAIS

DE LA SUBROGATION LÉGALE

THÈSE POUR LE DOCTORAT

SOUTENUE PUBLIQUEMENT

DANS LA GRANDE SALLE DE LA FACULTÉ DE DROIT

LE 18 DÉCEMBRE 1880, A 3 HEURES DU SOIR

PAR

ALBERT LELONG

AVOCAT

SAINT-LO

IMPRIMERIE JEAN DELAMARE, RUE DE LA PAILLE

1880

A LA MÉMOIRE DE MON PÈRE

SUFFRAGANTS :

MM. FEUGUEROLLES, *Professeur.*

BAYEUX, *Professeur, Président.*

CAREL, *Id.*

TOUTAIN, *Id.*

VILLEY, *Agrégé.*

DROIT ROMAIN

L'origine de la subrogation se trouve dans le droit romain, mais le mot de *subrogation* ne servait point à désigner ce fait juridique ; on le trouve employé pour la première fois en ce sens dans le droit canonique. Le droit romain désignait la subrogation sous le nom de *beneficium cedendarum actionum*.

Nous ne nous occuperons en droit français que de la subrogation légale ; mais, si l'on en excepte le *jus offerendæ pecuniæ*, cette subrogation est en droit romain entourée de tant d'obscurités, que nous n'avons pas cru pouvoir en faire l'objet d'une étude spéciale.

DU BÉNÉFICE DE CESSION D'ACTIONS.

Le bénéfice de cession d'actions était un moyen pour celui qui avait payé une dette à laquelle il était obligé avec d'autres ou pour d'autres, d'être mis aux lieu et place du créancier, afin de pouvoir exercer les droits de ce dernier contre les autres obligés.

Le créancier qui avait reçu son paiement n'avait aucun intérêt à refuser cette cession, et le débiteur qui avait versé les fonds en avait un très-grand à l'obtenir. Dans certains cas en effet le droit strict ne lui accordait pas de recours personnel contre ceux dont il avait payé la dette, et alors même que ce recours existait, il était très-avantageux pour lui de profiter de l'action même du créancier, qui pouvait être beaucoup plus sûre, à raison des cautionnements, hypothèques ou autres sûretés spéciales qui pouvaient s'y rattacher.

L'introduction de ce bénéfice, dont l'origine se trouve dans le droit non écrit, eut pour cause une puissante considération d'équité qui fit fléchir la rigueur des principes juridiques.

Tout d'abord le créancier fut libre d'accorder ou de

refuser la cession d'actions; mais plus tard, sous l'influence des réponses des prudents, le préteur ou le juge en firent une nécessité, et permirent au débiteur poursuivi d'exiger la cession préalablement au payement, dans les cas où elle pouvait lui être utile.

Enfin un dernier progrès accorda une action *utile* à celui qui avait payé dans les conditions requises pour avoir droit à la cession, et il pouvait ainsi exercer les droits du créancier qui lui avaient été transmis par le fait même du payement, au moyen d'une cession tacite.

Sur cette matière du bénéfice de cession d'actions, nous examinerons trois questions :

1° Quelles personnes en jouissaient?
2° Comment il s'opérait?
3° Quels en étaient les effets?

§ Ier.

A qui appartenait le bénéfice de cession d'actions?

Nous diviserons les personnes auxquelles ce bénéfice appartenait en trois grandes catégories :

1° Débiteurs accessoires.
2° Tiers détenteurs.
3° Débiteurs principaux.

1° DÉBITEURS ACCESSOIRES.

Les débiteurs accessoires ou *intercessores* se divisent eux-mêmes en cinq classes, savoir : les *adpro-*

missores, les *mandatores pecuniæ credendæ*, ceux qui font le pacte de *constitut pro alio*, les *expromissores*, et ceux qui consentent une *hypothèque pro alio*.

Adpromissores. — L'*adpromissio* est l'acte de celui qui s'oblige *verbis* accessoirement à un obligé principal dont il garantit la dette.

Il y avait trois espèces d'*adpromissores* : les *sponsores*, les *fidepromissores* et les *fidejussores*.

Il y avait une distinction importante à faire entre les *fidéjusseurs* et les autres *adpromissores*, relativement à la nature et aux caractères de l'obligation principale, à la transmissibilité de l'obligation accessoire et à sa durée. Voyons seulement les différences relatives au recours.

Gaïus signale comme appartenant à tout *adpromissor* sans distinction le recours contre le débiteur principal : « In eo quoque par omnium causa est, quod si quis pro » reo solverit, ejus reciperandi causa habet cum eo man- » dati judicium. » (Gaïus, Comm. III. § 127.)

Supposons au contraire que plusieurs *adpromissores* se sont obligés pour une même dette, et que, l'un d'eux ayant payé, il s'agit pour lui de recourir, non contre le débiteur principal, mais contre ses coobligés. Il y avait alors lieu de distinguer entre les différentes classes d'*adpromissores*. Les *sponsores* et les *fidepromissores* puisaient ce droit de recours dans la loi *Apuleia* (an 652 de la fondation de Rome); mais les fidéjusseurs n'y pouvaient pas prétendre.

En 659 fut rendue la loi *Furia* qui, à la différence de la loi *Apuleia*, n'était applicable qu'en Italie : grâce à elle les *adpromissores* d'un même débiteur purent diviser entre eux l'obligation, au moment où elle devenait exigible (Gaïus, Comm. III. § 3) ; mais il fallait encore pour cela qu'ils fussent *sponsores* ou *fidepromissores* ; les fidéjusseurs n'étaient point admis au bénéfice de cette loi. Il ne faut pas confondre avec ce droit des *sponsores* et des *fidepromissores* le bénéfice de division que le préteur accorda sans doute d'abord aux fidéjusseurs solvables, et qui fut plus tard formellement consacré par Adrien. Ce bénéfice de division était beaucoup moins onéreux pour le créancier que celui de la loi Furia, car, outre qu'il avait besoin d'être formellement invoqué par le débiteur poursuivi, il ne produisait son effet qu'entre les fidéjusseurs solvables lors de la *litiscontestatio* ; la loi Furia, au contraire, ne faisait pas cette distinction, que les *fidepromissores* ou les *sponsores* fussent solvables ou non au moment de l'échéance, l'obligation se divisait entre eux.

Nous avons déjà dit que le fidéjusseur n'avait aucune action contre ses cofidéjusseurs pour recouvrer d'eux une part quelconque dans la somme qu'il avait déboursée (Gaïus, Comm. III. § 122) et les lois 39 De fidej., D et 11 C. De fidej., ne laissent aucun doute sur ce point. Cette dure condition du fidéjusseur était le résultat d'une application rigoureuse des principes du droit.

« In omnibus speciebus liberationum etiam accessiones liberantur puta adpromissores, hypothecæ, pignora. » (L. 43, D. De solut.)

Un autre principe était appliqué au cofidéjusseur : « Solius rei principalis negotium gerit, non alter alterius negotium gerit. »

Dans la combinaison de ces deux théories, les jurisconsultes romains avaient cru trouver un motif suffisant pour refuser toute action au fidéjusseur, résultat injuste s'il en fut jamais, car, comme le dit très-bien Pothier : « Quoique ce fidéjusseur, *ipsius inspecto proposito*, fît » plutôt sa propre affaire que celle de ses cofidéjus- » seurs, néanmoins *effectu inspecto*, ayant, quant à » l'effet, géré l'affaire de ses cofidéjusseurs en même » temps que la sienne, les ayant, par le payement qu'il a » fait, libérés d'une dette qui leur était commune avec » lui, l'équité exige qu'ils portent leur part de ce paie- » ment dont ils ont profité autant que lui. » (Oblig. IIe partie, ch. VI, sect. VII, art. 4.)

L'introduction du bénéfice de cession d'actions eut principalement pour but de remédier à cet état de choses ; dès lors tout créancier actionnant un fidéjusseur, put être contraint de céder à ce dernier ses actions tant contre le débiteur principal que contre les cofidéjusseurs. (L. 17 et 36 De fidej., D, 2 et 21 C. De fidej.). Sinon, dans le cas où il y avait mauvaise volonté évidente de la part du créancier, le préteur ne délivrait pas la formule ; et dans le cas où la question était douteuse, le débiteur, en se laissant poursuivre, faisait insérer dans la formule l'exception de dol.

Tant que les fidéjusseurs ne jouirent pas du bénéfice de division, la cession d'actions leur fut de la plus grande utilité, utilité qui ne disparut même pas avec cette faveur qu'Adrien leur accorda de diviser la dette entre eux. En effet cette division ne s'opérait pas de plein droit et le fidéjusseur, qui avait omis d'en invoquer le bénéfice devant le magistrat, avait le plus grand intérêt à obtenir la cession d'actions. Cet intérêt existait encore dans le cas où le fidéjusseur avait renoncé à la division, et dans certaines circonstances où il était privé du bénéfice de division, comme nous le voyons dans deux textes: « Ita » demum inter fidejussores dividitur actio si non inficien» tur; nam inficiantibus auxilium divisionis non est » indulgendum. » (L. 10, § 1. D. De fidej.)

« Si plures fidejussores a tutore pupillo dati sunt, » non esse eum distringendum, sed in unum dandam » actionem, ita ut ei qui conveniretur actiones præsta» rentur. » (L. 12. D. Rem pupilli vel adol.)

Si le débiteur principal était insolvable, par l'action *negotiorum gestorum* ou *mandati contraria* qui lui appartenait de son chef, le fidéjusseur qui avait payé une partie de la dette après avoir usé du bénéfice de division, ne pouvait arriver à aucun résultat, pas même à se faire rembourser sa part; si donc l'action du créancier était garantie par des gages ou des hypothèques, au lieu de la laisser s'éteindre, le fidéjusseur avait intérêt à renoncer au bénéfice de division et à faire l'avance totale de la dette, dont la cession d'actions lui permettait de faire le recouvrement.

Supposons que certains des cofidéjusseurs d'un débiteur insolvable soient insolvables eux-mêmes; les fidéjusseurs solvables actionnés, s'ils opposent le bénéfice de division, n'auront, après avoir payé, aucun recours éventuellement utile contre les insolvables; la cession d'actions seule leur procure ce recours. Supposons même que tous les cofidéjusseurs moins un sont insolvables: la division n'est pas possible, et le seul moyen que le fidéjusseur solvable, qui a payé, ait de se procurer un recours tel quel contre ses cofidéjusseurs, consiste encore dans la cession d'actions.

Des mandatores pecuniæ credendæ. — Ceux par l'ordre

desquels le créancier contracte avec l'emprunteur, à la différence de la caution ordinaire qui accède à une obligation antérieure, se nomment *mandatores pecuniæ credendæ*.

Les *mandatores* ont-ils droit à la cession d'actions et contre le débiteur et entre eux? Il n'est pas permis d'en douter, devant les textes précis qui forment les lois au Digeste 13 De fidej., 95 § 10 De solut., 28 Mandati, 41 § 1 De fidej.—Ces lois s'expliquent parfaitement en droit, et sans que l'on soit obligé de recourir, comme en ce qui concerne les fidéjusseurs, à des fictions difficilement acceptées par certains jurisconsultes. Ici, en effet, lorsqu'un *mandator* paye le créancier, il éteint son obligation à lui *mandator*, mais l'obligation du débiteur subsiste, non pas que le créancier puisse demander une seconde fois au débiteur le paiement qu'il a reçu du *mandator*, mais cette créance qui subsiste, étant cédée au *mandator* qui y a droit en vertu de son contrat de mandat, contrat de bonne foi, lui permettra de recouvrer du débiteur ce que lui a coûté sa libération.

Du reste, à quelques différences près, il faut assimiler les *mandatores* aux fidéjusseurs, et même, comme nous le verrons plus tard, la position du *mandator* était préférable sous certains rapports.

En ce qui concerne le bénéfice de division, deux textes nous apprennent que les *mandatores* en jouissaient : « Divi Hadriani epistolam quæ de periculo dividendo in-
» ter mandatores et fidejussores loquitur, locum habere
» in his etiam qui pecunias pro alio simul constituunt
» necessarium est : æquitatis enim ratio diversas species
» actionis excludere nullo modo debet. (L. 3 C. De const.
» pecuniâ. l. 4, ch. 18.)

» Si mandato plurium pecunia credatur, æquè divi-
» ditur actio. » (L. 7, D. De fidej. tut. l. 27, tit. 7.)

Constitut pro alio. — « De constitutâ pecuniâ cum » omnibus agitur, dit Justinien, quicumque pro se vel » pro alio soluturos se constituerint. » (Inst. L. 4, tit. 6, § 9.)

On peut dire en termes généraux que le pacte de constitut *pro alio* se confond avec le cautionnement, et nous pensons que le motif d'équité qui a dicté la loi 3 au Code citée plus haut a dû également faire accorder dans le cas qui nous occupe le bénéfice de cession d'actions.

Des expromissores. — L'*expromissio* est l'acte de celui qui s'oblige *verbis*, au lieu et place de l'obligé primitif, lequel par là se trouve libéré. Il y a alors novation par changement de débiteur. A la différence de la délégation qui suppose un mandat donné par l'ancien débiteur, l'*expromissio* suppose que le nouveau débiteur est venu s'obliger à la place de l'ancien, sans en avoir été chargé par lui. Or nous voyons dans la loi 5. C. *De solut.*, l. 8, tit. 43, que le créancier ne peut pas être forcé de céder ses actions contre le débiteur au tiers étranger à la dette qui le paye. Il faut appliquer cette solution à l'*expromissor* d'autant plus que l'*expromissor*, en s'engageant, a par le fait même de la novation éteint l'action originaire ; mais bien entendu si le créancier y consentait, l'*expromissor* pouvait ne s'engager qu'à la condition d'obtenir du créancier la cession d'actions.

Hypothèque pro alio. — En l'absence de textes contraires, il est impossible de refuser à ces *intercessores* le bénéfice de cession d'actions, quand on le voit accordé aux tiers détenteurs.

2° TIERS-DÉTENTEURS.

Sans aucun doute une subrogation existe au profit du tiers-détenteur qui paye un créancier hypothécaire. Mais cette subrogation était-elle légale ou avait-elle besoin d'être requise ?

Cette question est pleine d'obscurités, bien que nous ayons plusieurs lois romaines sur ce point, et cette difficulté a donné lieu à de nombreuses controverses dans notre ancien droit.

Loiseau voit une preuve certaine de l'inexistence d'une subrogation légale dans la loi *Mulier*, 19 *D*, *qui potiores*. « Mulier in dotem dedit marito prædium pi- » gnori obligatum, et testamento maritum et liberos ex » eo natos, item ex alio heredes instituit ; creditor, » quum posset heredes convenire idoneos, ad fundum » venit ; quæro an si ei justus possessor offerat, compel- » lendus sit jus nominis cedere ? Respondi posse videri » non injustum postulare. »

Renusson combat cette solution. Selon lui la loi *Mulier* n'a pas une portée générale ; elle ne s'applique pas à tous les tiers-détenteurs. Si elle oblige un cohéritier à requérir la subrogation, c'est parce que, relativement à la part de ses cohéritiers qu'il paye, ce cohéritier doit être considéré comme un étranger, puisqu'il pouvait les mettre en cause. La même raison n'existe pas en ce qui concerne l'acheteur d'un immeuble: il est impossible de ne pas lui supposer l'intention d'acquérir la subrogation, et cette subrogation s'opère de plein droit.

Renusson appuie sa doctrine sur les lois suivantes : L. 17. D, *Qui potiores* : « Eum qui a debitore suo prædium obligatum comparavit eatenus tuendum quatenus ad priorem creditorem ex pretio pecunia pervenit. »

L. 3. C. *De his qui in priorum* : « Si potiores creditores pecuniâ tuâ dimissi sunt quibus obligata fuit possessio quam emisse te dicis, ita ut pretium perveniret ad eosdem priores creditores, in jus eorum successisti, et contra eos qui inferiores illis fuerunt justâ defensione te tueri potes. »

La doctrine de Renusson est à son tour combattue par Pothier, qui, après le président Favre et plusieurs auteurs, veut introduire une distinction :

Si l'acte de vente porte que le prix devra être employé à payer créancier hypothécaire, l'acheteur qui remplit cette condition est de plein droit subrogé à ce créancier.

Telle est l'hypothèse dans laquelle raisonnent et la loi 3, C. *De his qui in priorum*, et la loi 17 D, *qui potiores*. Les mots « ita ut » de la premiére sont décisifs en ce sens.

En l'absence de cette condition expresse, la loi *Mulier* permet bien de requérir la subrogation, mais en dehors de cette réquisition, il n'existe pas de subrogation légale. La loi 12, § 1, D, *qui potiores* ne laisse pas de doute sur ce point.

« Si, quoniam non restituebat rem pigneratam possessor, condemnatus ex præfatis modis, litis existimationem exolverit, an perinde secundo creditori tenea-

» tur, ac si soluta sit pecunia priori creditori, quæritur.
» Et recte puto hoc admittendum esse. »

Nous ne pensons pas que ce raisonnement de Pothier soit inattaquable. Nous croyons que Renusson donne à la loi *Mulier* son véritable sens. Quant à donner aux mots *ita ut* de la loi 3, Code, le sens que Pothier leur donne, rien ne nous y oblige ; ces mots peuvent signifier « de sorte que », sans contenir une condition expresse et alors leur autorité disparait. Quant au texte de la loi 12, § 1 D, *qui potiores*, nous le croyons inconciliable avec les deux autres, mais nous ne pensons pas qu'on puisse en tirer un argument assez solide pour renverser les principes du droit, qui nous conduisent à assimiler au premier créancier qui vend, le premier créancier qui reçoit le prix. L'acquéreur devait donc alors non pas profiter du *beneficium cedendarum actionum* qui ne pouvait pas s'appliquer ici, mais acquérir de plein droit le *jus succedendi* pour repousser les créanciers postérieurs au créancier payé, considéré comme son vendeur, du moins jusqu'à concurrence de la somme due à ce créancier.

C'est au contraire une véritable cession d'actions qui est utile au tiers-acquéreur dans le cas où il a déjà payé son prix au vendeur, et a été ensuite forcé de payer le créancier hypothécaire, car alors il peut succéder non-seulement à l'hypothèque que le créancier désintéressé avait sur l'immeuble acquis, mais encore à celles qu'il avait sur d'autres biens possédés par des tiers ou restés en la possession du débiteur. Du reste ce droit du tiers-détenteur est consacré par les lois 5 D, De censibus. 57 D. De legatis (1) et 19 D. Qui potiores.

3° DÉBITEURS PRINCIPAUX.

On est tenu avec un autre quand on peut être contraint de payer la totalité d'une dette qui nous intéresse, en même temps qu'elle intéresse une autre personne, et dont nous devons supporter uue part définitivement et sans recours. Suivant les cas on est ou tenu *in solidum*, ou débiteur corréal.

Sont tenus *in solidum* les cotuteurs, colocataires, coacheteurs, cohéritiers envers les légataires, codélinquants, comandants, ceux qui sont tenus ensemble d'un dépôt ou d'un commodat, etc....

Le cotuteur a droit à la cession d'actions, ou à défaut de cession, et sauf le cas de dol commun, à une *actio utilis* dont la nature a donné lieu à une importante controverse. C'est ce qui résulte des lois suivantes : L. 1, § 11, 12, 13, 14, D. De tut., et rat. distr. — L. 21 Eodem. — L. 2, C. De contr. jud. tut. l. 5 tit. 58. Nous assimilons aux tuteurs les magistrats municipaux tenus solidairement à l'égard de leurs administrés. (L. 2. C. De divid. tut. — L. 1. § 15, D. De tut., et rat., distr. — L. 51 D. De adm. et periculo tutorum. — L. 1 C, quo quisque ordine conveniatur, l. 2, tit. 35).

Certains jurisconsultes étaient d'avis, au cas où tous les débiteurs solidaires étaient solvables, que celui d'entre eux auquel s'attaquait le créancier pût lui opposer le bénéfice de division. La loi 47, *Locati* D, est conçue en ce sens relativement aux colocataires et coacheteurs. Mais ce bénéfice de division paraît n'avoir été admis en définitive qu'au profit des tuteurs ; le texte de la Novelle 99 est trop obscur pour qu'on puisse y trouver un argument certain ; nous croyons avec M. Demangeat qu'elle s'applique uniquement au cas où les débiteurs se sont obligés en se cautionnant l'un l'autre *cum alternâ fidejussione*. La loi 13 C. *De locato et conducto*, 1, 4, tit. 65, refuse d'ailleurs la division aux colocataires. Mais quant au bénéfice de cession d'actions, ils en jouissaient certainement, les lois précitées étant unanimes sur ce point.

Les codélinquants avaient également droit à la cession d'actions, pourvu qu'il n'y eût point dol, mais simple faute. (L. 1, § 14, De tut. et rat. distr. D. — L. 1, § 10, L. 2, 3, 4, D. De his qui effuderint). Ici encore nous retrouvons une action utile, dont nous examinerons plus tard le caractère.

Les comandants en jouissaient aussi ; c'est ce qui résulte de la loi 41, § 1, *De fidej*, D. « Idem (Modestinus) » respondit : si in solidum condemnatus est unus ex » mandatoribus, cum judicati conveniri cœperit, posse eum » desiderare ut adversùs eos qui idem mandaverunt » actiones sibi mandentur. »

Débiteurs corréaux. — Comment sont réglés les rapports des *rei promittendi* entre eux ? En principe, et en droit strict, il faut attacher une importance décisive à l'existence ou à l'absence d'une société entre les débiteurs corréaux. Y a-t-il société, celui des *rei promittendi* qui a payé la dette a recours contre les autres pour se faire rembourser de ce qu'il a payé au-delà de sa part. Si au contraire il n'y a pas de société, il n'existe pas de recours au profit du *correus promittendi* qui a payé. C'est ce qui résulte des lois 30. *De negotiis gestis* D, et 62, pr. D. *Ad legem Falcidiam*.

Cette rigueur fut atténuée par le bénéfice de cession d'actions. Celui qui devait solidairement avec d'autres pouvait payer le tout au créancier en qualité de débiteur pour sa propre part, et en qualité de cessionnaire pour le reste de la créance. Le créancier ne pouvait pas sans dol se refuser à cette cession.

Le débiteur n'avait-il pas de recours de son chef, il trouvait un secours dans le bénéfice dont nous parlons ; avait-il un recours de son chef, ce recours pouvait être peu efficace, tandis que l'action du créancier, garantie peut-être par des sûretés spéciales, le mettait à l'abri de la perte.

Une discussion s'est élevée sur le point de savoir si les véritables *correi promittendi* ont droit à cette cession d'actions, ou si elle ne serait pas plutôt réservée aux seuls débiteurs tenus d'une action de bonne foi. La discussion roule sur un texte de Papinien ainsi conçu : « Rem hereditariam pignori obligatam heredes vendi- » derunt et evictionis nomine pro partibus hereditariis » spoponderunt ; quum alter pignus pro parte suâ libe- » rasset, rem creditor evicit ; quærebatur an uterque » heredum conveniri possit ? Idque placebat propter » indivisam pignoris causam, nec remedio locus esse » videbatur ut per doli exceptionem actiones ei qui » pecuniam creditori dedit præstarentur, quia non duo » rei facti proponerentur. » (L. 65, D. De evict.)

Dans l'espèce, celui qui avait payé n'avait pas droit à la cession d'actions parce qu'il n'était pas débiteur corréal ; donc s'il l'eût été, il eût eu droit à la cession. La conséquence paraît forcée et nous la considérons comme telle. Mais nos adversaires ne voient pas dans la loi précitée un texte aussi décisif. Selon eux l'impossibilité de la cession d'actions s'explique ici par cette circonstance toute naturelle que chacun des héritiers n'est pas obligé pour le tout, mais seulement pour moitié, et qu'ainsi on ne se trouve pas dans les conditions nécessaires à l'existence de la cession ; par conséquent il n'était pas besoin pour expliquer la solution donnée dans l'espèce, de parler de l'inexistence d'une corréalité qui, à la rigueur, peut dans certains cas donner droit à la cession d'actions, mais ne l'entraîne pas nécessairement.

Ce système paraîtra très-subtile à quiconque lira sans parti pris le fragment de Papinien. D'ailleurs la raison d'équité, qu'on ne doit jamais perdre de vue en pareille matière, nous semble devoir faire admettre la cession d'actions au profit des débiteurs corréaux.

Voyons maintenant quelques exceptions aux cas d'application de la cession d'actions.

Toute personne peut faire un paiement, même malgré le créancier, même malgré le débiteur, et libérer ce dernier : « Solvere pro invito et ignoranti cuique licet, » cum sit jure civili constitutum licere etiam ignorantis » invitique meliorem conditionem facere. » (Loi 53, D. De solut.) Adde. L. 23, L. 40, eodem, L. 39 D. De neg. gestis.)

Il faut en excepter le cas où c'est en considération de la personne du débiteur que le contrat s'est formé.

Mais alors le tiers qui paye n'a pas droit à la cession. (L. 5, C. De solut. l. 8, tit. 43.)

Si une dette solidaire procède d'un dol commun à plusieurs, celui qui a payé la totalité n'a aucun recours à exercer contre les autres, par conséquent il n'y a pas lieu au bénéfice de la cession d'actions. Ce résultat manifestement injuste nous est indiqué par les lois 1 § 14, D. De tut., et rat, distr. Nec enim ulla societas maleficiorum. Adde. L. 2, C. De contr. jud. tut. l. 5, tit. 58. L. 35 § 2. De contrah. empt. « Nec societas aut man- » datum flagitiosæ rei ullas habet vires. « L. 6 § 3, D. Mandati : « Rei turpis nullum mandatum est. »

Enfin il n'y avait pas, et d'après les principes il ne pouvait pas y avoir lieu à la cession d'actions au profit du fils qui, étant soumis à la puissance paternelle, acquittait la dette de son père. « Actiones adversùs pa- » trem filio præstari non possunt, dùm in potestate ejus » est filius. » (L. 7, D. De oblig. et act. l. 44, tit. 7. Adde par a contrario. L. 2, C. De his qui in priorum.

§ II.

Comment s'opérait la cession d'actions.

Nous avons déjà dit que la subrogation était le résultat d'une fiction à laquelle les jurisconsultes avaient été obligés de recourir pour tempérer la rigueur du droit civil. » Celui qui payait et avait droit à la cession d'ac- » tions était, dit Pothier, censé en quelque façon plutôt » acheter la créance du créancier pour le surplus contre » ses codébiteurs que l'avoir acquittée. Creditor non in » solutum accepit, sed quodammodo nomen debitoris » vendidit. » L. 36, D. De fidej. — Cette idée est confirmée par les lois 17, D, eodem. — 76, D. De solut. — 21, De tut., et rat., D. — 5, De censibus, D.

L'opinion de Pothier est-elle bien sûre ? Était-ce la créance primitive elle-même qui passait au débiteur qui payait la totalité, et ne seraient-ce pas plutôt les accessoires de cette créance qui en seraient détachés pour être réunis à la nouvelle créance née du paiement ? Nous croyons que la solution de Pothier est la bonne, et que cet interprète si sûr du droit romain ne s'est pas mépris sur le véritable caractère de la cession d'actions.

Dans l'opinion contraire on s'appuie sur la loi 12, § 8, *qui potiores* D, à laquelle on veut donner une portée générale, ainsi que sur la loi 3 D, *quæ res pignori vel hyp.*, qui parle de la *successio in jus pignoris* et les lois 1 et 2, Code. *De his qui in priorum* où il est question du *locus hypothecarii creditoris.*

Il paraît en effet que dans le cas où le débiteur empruntait pour payer le premier créancier, le nouveau prêteur n'acquérait pas précisément la subrogation, la cession d'actions, mais seulement un droit de préférence sur les créanciers intermédiaires, une espèce de subrogation dans le droit hypothécaire ; mais sauf cette exception, toutes les fois qu'il y avait lieu à la cession d'actions, la créance elle-même était transférée en même temps que l'hypothèque.

Il ne faut pas attacher d'importance aux expressions des lois romaines : *locus hypothecarii creditoris*, *successio in locum*. Si réellement les jurisconsultes romains n'avaient entendu parler que du rang hypothécaire, ils auraient dit non pas *successio in locum*, mais *successio in ordinem*. *Succedere in locum* c'est être investi de tous les droits ; et cette transmission de la créance elle-même s'explique parfaitement si l'on considère que personne ne peut exercer une action sans être investi du droit auquel cette action est attachée. *Actio nihil aliud est quam jus persequendi judicio quod sibi debetur.*

On nous oppose que la créance originaire est éteinte, mais il faut nous rappeler que nous sommes sous l'empire de la fiction, que par conséquent tout est permis dans cette voie. Si nos adversaires admettent cette fiction pour considérer comme subsistants les accessoires de la créance primitive qui en fait sont éteints avec celle-ci par le paiement, nous sommes autorisés par là même à nous en servir pour considérer la créance elle-même comme continuant d'exister.

D'ailleurs, remontons à l'origine de la cession d'actions ; il est à présumer qu'elle fut introduite pour la première fois en faveur des fidéjusseurs qui n'avaient aucun recours contre leurs cofidéjusseurs. Or à quelle action pourrait-on rattacher les accessoires de l'ancienne créance, puisqu'il n'y a pas d'action nouvelle ? Il faut bien admettre que c'est l'action même du créancier qui passe au fidéjusseur. Il en est de même en matière d'obligation corréale dans les cas où le recours n'existait pas, c'est-à-dire quand il n'y avait pas société.

Cette théorie est confirmée par de nombreux textes. L. 36 et 17 De fidej. D. — L. 5 De censibus. — Loi 28 Mandati L. 76 De solut. au Digeste, et la loi 14, Code De fidej.

Voyons maintenant par quel genre d'opération se réalisait ce bénéfice de cession d'actions. S'agissait-il d'une action de droit strict, l'exception de dol permettait au défendeur de repousser le demandeur tant que celui-ci ne voulait pas consentir à la cession. L'action était-elle réelle ? Comme elle était en même temps arbitraire, le juge donnait l'ordre au créancier de fournir au défendeur la satisfaction demandée. L'action était-elle de bonne foi ? Comme le juge devait prendre l'équité pour base de sa décision et régler le différend sans s'attacher à la rigueur des principes du droit civil, il avait tout pouvoir pour contraindre le créancier à la cession, puisque tout fait de dol devait être suppléé par lui sans que le défendeur fût obligé de faire insérer dans la formule l'exception *doli mali.*

Pour arriver à faire passer sur la tête du débiteur subrogé la créance qu'il payait, on avait recours au moyen ordinairement employé pour le transport des créances que le droit civil défendait, la *procuratio in rem suam.* Le mandataire pouvait produire son mandat même devant le juge, ainsi que nous le dit Gaïus (Comm. IV, § 84.) : « Igitur etsi non habeat mandatum agere tamen posse, quia sæpe mandatum initio litis in obscuro est et posteà apud judicem ostenditur. »

Dans le § 86, Gaïus nous explique l'opération dont il s'agit : « Qui autem alieno nomine agit, intentionem quidem ex personâ domini sumit, condemnationem autem in suam personam convertit. »

C'était donc par la *litiscontestatio* que s'opérait définitivement le transport. Mais jusque-là la position du *procurator* était périlleuse, car le mandat pouvait cesser soit par une révocation expresse, soit par la mort du mandant, soit même par celle du mandataire.

C'était là une procédure compliquée qui, à une époque difficile à préciser, fit place à l'usage d'une *actio utilis* accordée à celui qui avait droit à la cession et qui lui permit dès lors d'agir en son propre nom. Les lois 1, § 13, D, De tut., et rat., 4 D, De his qui effud, et 1 C. De oblig. et act. l. 4 titr. 10 font mention de cette action utile.

Cette action n'appartenait qu'à ceux qui avaient le droit d'exiger la cession; tels étaient les débiteurs solidaires. Les débiteurs corréaux avaient aussi droit à la cession. Existait-il également à leur profit une action utile? On pourrait le croire au premier abord, mais nous savons que le droit à la cession pouvait exister indépendamment du droit au recours; tel était le cas des cofidéjusseurs. (L. 39 D, De fidej. et 11 C. De fidej.,) et tel était, croyons-nous, celui des débiteurs corréaux.

Ulpien, après Julien, dans un texte spécial à la matière de la Falcidie, la loi 62 D, *ad legem Falcidiam*, nous semble décider la question en faveur de notre opinion. M. Demangeat explique ainsi ce texte :

De deux *rei stipulandi* ou de deux *rei promittendi*, l'un est mort laissant un testament qui contient des legs considérables. Pour savoir s'il y a lieu à la réduction de ces legs et dans quelle mesure, il faut connaître le chiffre de l'actif et le chiffre du passif laissé par le défunt. Pour combien allons-nous faire figurer l'obligation corréale dans cet actif ou dans ce passif? S'il y avait société, ce sera toujours pour la moitié de sa valeur; s'il n'y avait pas société, ce sera tantôt pour toute sa valeur et tantôt pour zéro; du reste on ne sera fixé sur ce point qu'après que l'obligation aura donné lieu à poursuites ou à paiement ; on verra lequel des deux *rei* a exercé ou subi la poursuite, lequel a touché ou a payé le montant de l'obligation.

Nous voyons donc que dans ce dernier cas il n'y avait pas de recours, par conséquent pas de cession tacite possible et pas d'action utile. Il est vrai que ce texte d'Ulpien selon Julien ne doit être accepté qu'avec le correctif du bénéfice de cession, mais rien ne nous autorise à penser que la cession pût s'opérer tacitement surtout à l'époque de Julien, époque de transition, relativement au point qui nous occupe, entre la rigueur du droit civil et le triomphe définitif de l'équité.

Mais plus tard l'action utile fut généralisée et accordée à tous ceux qui avaient droit à la cession d'actions, ainsi que cela nous paraît résulter de la loi 2. Code De duobus reis.

Enfin nous croyons trouver dans les lois 1, § 13 et 14 D, De tut., et rat., — 4 De his qui effud. et 2 C. De contr. jud. tut. la preuve que cette action utile n'est autre que l'action même du créancier originaire.

§ III

Quels étaient les effets du bénéfice de cession d'actions ?

Comme dans la cession conventionnelle, le créancier payé avec subrogation devait fournir ses titres au subrogé. Mais le créancier qui reçoit un paiement doit-il garantie au subrogé de l'existence de la créance ? En aucune façon, et cela n'aurait pu se comprendre. En effet il n'y a, comme dit Mourlon, que ceux qui vendent leur créance qui soient tenus de l'obligation de garantie; or le subrogeant ne vend pas, on le paye; s'il est réputé avoir plutôt vendu sa créance qu'en avoir reçu paiement, c'est uniquement afin qu'on puisse dire que celui qui paye est censé l'avoir achetée, mais cette fiction toute puissante contre le débiteur et les tiers ne porte aucune atteinte à la réalité quand on apprécie les effets du paiement entre celui qui le fait et celui qui le reçoit. Ce n'est pas tant le créancier qui subroge, que la loi, en conséquence de son consentement. Subroger, c'est plutôt laisser prendre que céder sa créance.

Les conditions nécessaires pour arriver à la cession variaient suivant les divers cas que nous allons examiner.

Supposons un *adpromissor* qui paie la dette pour laquelle il s'est obligé ; s'il s'est constitué *sponsor* ou *fidepromissor* ou même *fidejussor*, depuis l'obtention du bénéfice de division sous Adrien, il pourra ne payer que sa part, et peut-être même demander pour cette part la cession d'actions contre le débiteur principal. S'il veut obtenir la cession des actions du créancier contre les autres *adpromissores*, il doit être prêt à payer toute la dette. (L. 17. De fidej. D.) Il en est de même du débiteur corréal, il doit désintéresser complètement le créancier.

C'est au plus tard au moment de la *litiscontestatio* que le fidéjusseur poursuivi par le créancier doit demander qu'on lui cède les actions contre le débiteur principal et contre les autres fidéjusseurs, car la *litis contestatio*, a un effet extinctif, et *lite semel contestatâ*, la cession d'actions ne se comprend plus en droit strict; mais la fiction vient alors au secours du fidéjusseur et lui donne une action utile en vertu d'une cession présumée.

Les mêmes règles régissent le paiement fait par un débiteur solidaire.

Le *mandator pecuniæ credendæ* et celui qui a constitué une hypothèque *pro alio* jouissent cependant d'une position privilégiée. Ces débiteurs, en effet, ne libèrent pas *ipso jure* le débiteur principal par le paiement qu'ils opèrent. (L. 28, *mandati* D.) Dès lors l'action du créancier subsiste à leur profit; ils ont droit à la cession même après la *litiscontestatio*, même après le jugement qui les condamne, même après qu'ils ont complètement désintéressé le créancier. (L. 95, D. § 10. De Solut.)

Revenons aux débiteurs solidaires. Si le paiement avait lieu en justice, était-il nécessaire qu'il fût intégral, et si le bénéfice de division avait été invoqué, le débiteur pouvait-il, pour sa part, obtenir la cession? Cela s'applique aux comandants, aux contituants, aux cotuteurs, aux colocataires, s'ils jouissaient du bénéfice de division. Nous pensons qu'ils avaient ce droit.

Était-il nécessaire que la cession au profit des débiteurs solidaires eût lieu *in jure*, c'est-à-dire avant la *litiscontestatio*? Non, car la *litiscontestatio* n'a pas ici d'effet novatoire (L. 1 § 18, De tut. et rat. — L. 41 § 1, D. De fidej), elle laisse subsister l'action contre les codébiteurs. Si le débiteur poursuivi a payé, le paiement éteint l'action d'une façon absolue même vis-à-vis des codébiteurs; l'action utile est sa seule ressource. Mais il n'en est pas ainsi, comme nous l'avons vu plus haut, pour le *mandator pecuniæ credendæ*, qui n'est pas un véritable débiteur solidaire, et dont le paiement ne libère pas le débiteur *ipso jure* (L. 41 § 1, De fidej. D).

Plus tard les fidéjusseurs furent à cet égard assimilés aux *mandatores*. (L. 28 C, De fidej.)

Celui qui veut obtenir la cession d'une action hypothécaire doit payer au créancier toutes les créances pour lesquelles la chose lui est hypothéquée. C'est ce qui résulte de la loi 2, C, De fidej. « Cum in aliâ quoque » causâ eadem pignora vel hypothecas habet (creditor) » obligatas, non prius compellendus est transferre pi- » gnora quam omne debitum exsolvatur. »

Examinons maintenant la question de savoir si le créancier est obligé de conserver ses actions pour les céder à celui qui le paie, et s'il doit être exclu de sa demande *per exceptionem cedendarum actionum* contre un des débiteurs, lorsque par son fait il s'est mis dans l'impossibilité de lui céder ses actions contre les autres débiteurs.

En ce qui concerne les fidéjusseurs, pas de difficulté devant les textes précis qui forment les lois 15 § 1 et L. 62 De fidej. D. — L. 21 § 5 et L. 22 de Pactis, D.

D'après l'ancien droit romain, le créancier ne contractait pas envers le fidéjusseur l'obligation de lui conserver ses actions, le cautionnement étant unilatéral. Le créancier en était quitte pour les céder telles qu'elles étaient au moment du paiement et autant seulement qu'il les avait. C'est pourquoi la convention d'après laquelle il aurait renoncé à réclamer son paiement du débiteur ne l'empêchait pas de pouvoir l'exiger du fidéjusseur. Le fidéjusseur pouvait bien repousser le créancier par l'exception *cedendarum actionum*, mais seulement dans le cas où celui-ci avait encore ses actions et refusait de les lui céder.

Le *fidejussor indemnitatis* était dans une position particulière ; il était libéré quand le créancier avait mis de la négligence à poursuivre le débiteur et l'avait ainsi laissé devenir insolvable, ou lorsqu'il avait perdu par son fait ou par sa faute les sûretés attachées à sa créance.

Le fidéjusseur *indemnitatis* était celui qui s'engageait « in id quod quanto minus a reo vel ex distractione » pignoris servari poterit, » c'est-à-dire seulement à ce que le créancier n'aurait pu tirer du débiteur principal. Dans ces circonstances, si la créance devenait inefficace par suite de la négligence du créancier, *le fidejussor indemnitatis* n'en était pas responsable, car on ne pouvait pas supposer qu'il eût entendu prendre à sa charge les fautes du créancier.

Il y avait encore une exception à la règle en faveur du *mandator pecuniæ credendæ*. Ce dernier était libéré de son obligation de garantie envers son mandataire, lorsque celui-ci s'était mis, par son fait ou par sa faute, dans l'impossibilité de lui céder ses actions. Le *mandator* poursuivi pouvait dire au créancier : « En vertu » du contrat synallagmatique de mandat, vous étiez » obligé de conserver vos actions ; vous avez manqué à » votre obligation, je suis délié de celle que j'avais con- » tractée envers vous. » C'est ce qui résulte de la loi 95 § 11 D. De Solut. Mais cette loi ne s'applique qu'aux *mandatores*. La condition des fidéjusseurs est tout autre, elle est régie par les lois que nous avons citées plus haut, ce qui s'explique, comme l'observe fort bien Cujas, par cette différence que le *mandator* n'ayant aucune action contre l'emprunteur a absolument besoin que le créancier lui cède l'action qui lui appartenait, tandis que le fidéjusseur, ayant de son chef une action contre le débiteur principal qu'il a cautionné, n'a pas absolument besoin de la cession bien qu'elle puisse lui être utile.

Pothier, dans ses Pandectes, applique la loi 95 § 11, au fidéjusseur ; mais dans ses Obligations, n° 557, il convient que cette loi n'est pas décisive pour les fidéjusseurs à l'égard desquels il n'y a pas les mêmes raisons de décider. Pour eux, au contraire, la loi 15 § 1 D. De fidej., est formelle, et si Pothier leur accorde le droit qui nous occupe, c'est par équité plutôt que par application des textes.

Traitant la même question au n° 380 des Oblig. Pothier ajoute ce qui suit :

Tel était l'ancien droit qui, comme l'observe Cujas, ne peut guère avoir lieu depuis la Novelle de Justinien. *Jure novo*, dit Cujas, *haud facile procedere potest*, car Justinien ayant par sa Novelle accordé aux fidéjusseurs l'exception de discussion, *beneficium ordinis*, qui consiste dans le droit qu'il leur donne, lorsqu'ils sont poursuivis par le créancier, de le renvoyer à se pourvoir auparavant contre le débiteur principal et à discuter pour cet effet ses biens, il est évident que le créancier ne peut plus aujourd'hui, en convenant avec le débiteur de ne pas lui demander le payement de la dette, se réserver le pouvoir de le demander au fidéjusseur, car il ne peut par son fait les priver du droit et de l'exception que la loi leur donne.

Examinons si cette doctrine est bien exacte et s'il faut vraiment voir dans la Novelle 4, qui introduisit le bénéfice de discussion, l'introduction d'un droit nouveau au profit des fidéjusseurs.

L'affirmative a été énergiquement soutenue par M. Troplong, selon lequel, sous Justinien, le fidéjusseur est déchargé lorsque la discussion des biens du débiteur est devenue impossible par le fait ou la faute du créancier.

Nous ne croyons pas que cette opinion de M. Troplong doive être admise. Il ne cite aucun texte à l'appui de son opinion ; or il n'est pas vraisemblable que ce changement dans la législation n'eût laissé aucune trace dans les textes. Au contraire nous pouvons citer en faveur de notre opinion la loi 15, § 1, D, De fidej., d'où il résulte que le créancier qui a deux fidéjusseurs peut agir pour le tout contre l'un d'eux quoiqu'il ait par son fait libéré l'autre. Le créancier n'était donc pas tenu de conserver ses actions malgré l'existence au profit des fidéjusseurs du bénéfice de division introduit par Adrien, lequel constituait un bénéfice de discussion beaucoup plus avantageux pour le fidéjusseur que le bénéfice de discussion introduit par Justinien, puisque malgré le bénéfice de discussion, le débiteur peut encore être recherché, tandis qu'il ne peut plus l'être quand il a opposé le bénéfice de division.

Nous pouvons encore citer la loi 10, D, De fidej., pr. ainsi conçue : Si dubitet creditor an fidejussores solvendo sint, et unus ab eo electus paratus sit offerre cautionem, ut suo periculo confidejussores conveniantur in parte, dico audiendum eum esse.

Le cofidéjusseur actionné a donc le droit de faire discuter ses cofidéjusseurs à ses risques et périls. Or la loi précitée 15, § 1, D, De fidej., nous montre que le créancier n'était pas obligé de conserver des actions contre tous les cofidéjusseurs, afin de pouvoir les discuter sur la réquisition de l'un d'eux.

Selon nous donc, le bénéfice de discussion accordé par Justinien n'a pas eu pour effet immédiat et direct d'accorder à ceux qui en jouissaient le droit de repousser le créancier lorsqu'il s'est mis dans l'impossibilité de céder ses actions.

Mais hâtons-nous de le reconnaître : par la force même des choses, l'introduction du bénéfice de discussion amena dans la matière certains changements. Supposons l'espèce de la loi 22, *De pactis*, D. *Hoc actum est ut duntaxat a reo non petatur*, (*a fidejussore petatur*). Avant le bénéfice de discussion, *fidejussor exceptione non utetur*, tandis que plus tard, armé de ce bénéfice, il put renvoyer le créancier à discuter le débiteur, lequel pouvait lui opposer leur pacte.

Ce que nous avons dit du fidéjusseur s'applique au tiers-détenteur.

La loi 45, De adm. et per. tut. D, règle sous ce rapport la condition des tuteurs et des magistrats municipaux. Ces deux classes d'obligés jouissent de l'*exceptio cedendarum actionum*, ce qui s'explique par la gratuité de leurs fonctions et la faveur qui doit en résulter. Aussi pouvons-nous appliquer aux tuteurs le § 11 de la loi 95, D, *De solut.* qui donne au *mandator pecuniæ credendæ* l'*exceptio cedendarum actionum*, après l'avoir dans le § 10 comparé au tuteur pour dire que tous les deux peuvent demander la cession d'actions même après avoir désintéressé le créancier.

Examinons maintenant les effets que produit le bénéfice de cession d'actions entre le cessionnaire et celui contre lequel il recourt.

Nous avons vu que ce bénéfice assurait le recouvrement de la créance par celui qui y avait droit, que dans certains cas même il servait à tempérer la rigueur du droit civil en créant un recours qui faisait défaut ; quoiqu'il en fût, ce bénéfice ne pouvait jamais nuire au débiteur, puisqu'il n'avait pour effet que le réglement équitable de la dette.

Lorsque le fidéjusseur qui a payé poursuit ses cofidéjusseurs en vertu de la cession d'actions, il ne peut agir contre chacun d'eux que pour sa part et portion virile, car agir autrement serait contraire à l'équité, et encore cette portion n'est déterminée qu'eu égard au nombre des cofidéjusseurs solvables. Supposons donc quatre cofidéjusseurs : celui qui a payé, si tous les autres sont solvables, peut recourir contre chacun d'eux pour un quart ; mais si l'un est insolvable, ce recours aura lieu pour un tiers, sauf à chacun des cofidéjusseurs à recourir contre le fidéjusseur insolvable ; en d'autres termes l'insolvabilité de l'un d'eux est également supportée par tous les autres. (L. 26, D. De fidej.)

Mais le fidéjusseur avait-il un droit à la cession d'actions contre les autres fidéjusseurs ou seulement la faculté de la requérir du créancier? Nous pensons que la cession était forcée, d'après les termes des lois 17 et 36 De fidej. D, bien que la loi 39 eod. puisse faire naître un doute sur ce point.

D'après la loi 14, C, De fidej., la caution a le droit de poursuivre les tiers-détenteurs d'immeubles hypothéqués pour la garantie de la créance cédée. Mais la jurisprudence justinienne (Nov. 4 ch. 2) changea cet état de choses et préféra les tiers-détenteurs aux obligés personnels, sur lesquels fut reporté tout le poids de la dette.

Tous les privilèges attachés à une créance ne passent pas indistinctement au cessionnaire; les *privilegia causæ* (L. 196, De reg. juris D) sont seuls transmis par la cession (L. 68 eod). C'est ainsi que le tuteur cessionnaire des actions de son pupille contre les autres tuteurs, n'a point de privilège, ce privilège étant personnel. (L. 42, D, De adm. et periculo tut.)

Au contraire, relativement à certains privilèges, il y avait une véritable subrogation de plein droit. Telle était la subrogation dans le privilège attaché aux créances du fisc, de frais funéraires, de dernière maladie et de loyers de maisons. Ceux qui les acquittaient acquéraient par là même le privilège. Eorum ratio prior est creditorum quorum pecunia ad creditores privilegiarios pervenit, dit la loi 24, § 3, D, De rebus auct. jud. Adde L. 2, D. De cessione bonorum.

Quelles règles faut-il appliquer au recours entre les *correi*? S'il y a société entre eux, on appliquera la loi 63, § 5, D, Pro socio: le *correus* ne pourra recourir contre chacun des autres que pour sa fraction, et l'insolvabilité de l'un se répartira entre tous. L'équité commande la même solution même quand il n'y a pas société entre eux.

Sous ce rapport la condition des cotuteurs est réglée de la même manière par la loi 1, § 12, D. De tut. et rat.

Le tiers-détenteur pouvait recourir tant contre la caution que contre les autres tiers-détenteurs d'immeubles hypothéqués à la même dette, mais il n'avait contre ces derniers qu'un recours divisé, en raison des portions détenues par eux des immeubles hypothéqués. (L. 5, D. De censibus).

DU JUS OFFERENDÆ PECUNIÆ.

Il existait en droit romain dans le régime hypothécaire un vice essentiel.

Lorsque plusieurs hypothèques existaient sur un même objet, le droit de le faire vendre, c'est-à-dire de le transformer en argent, appartenait exclusivement au premier créancier. S'il usait de son droit, les créanciers postérieurs avaient droit à l'excédant du prix, mais s'il n'en usait pas, les créanciers postérieurs étaient complétement désarmés. Nullum pignus habere intelligebantur quamdiù prioris creditoris jus subsistebat (L. 1, C, Si antiq. creditor, VIII, 20 — L. 8,C, qui potiores in pignore).

L'inconvénient était d'autant plus grand que les hypothèques étaient occultes.

L'institution du *jus offerendi* vint améliorer la situation des créanciers hypothécaires en permettant aux inférieurs de prendre la place des antérieurs en les désintéressant, de façon à empêcher soit une trop longue inaction, soit une vente intempestive et faite dans de mauvaises conditions.

Tous les créanciers, soit hypothécaires, soit chirographaires, tous les tiers même pouvaient succéder aux droits d'un créancier hypothécaire, soit en vertu d'une cession amiable (L. 6 D, De hered. vel act, vend. — L. 8 C. Eod. — L. 2 et 14 C. De fidej. et mandat.) ; soit en se rendant acquéreur de la chose hypothéquée et en payant son prix au créancier, (L. 3, C. De his qui in priorum.) soit en fournissant au débiteur les fonds nécessaires pour payer sa dette et en requérant la subrogation. (L. 1, C. qui potiores. — L. 3, D, quæ res pign. — L. 12, § 8, D, qui potiores in pign.)

Les créanciers hypothécaires ont au contraire un droit tout spécial dans le *jus offerendæ pecuniæ*. Ce droit d'offrir avait pour but de permettre au créancier hypothécaire de consolider son gage. Ita jus suum confirmare potest, dit la loi 1, C, qui potiores. « Pignoris tui causa firmabitur » dit la loi 5, C, Eodem. Or le créancier chirographaire n'a pas de gage à consolider, il n'a donc pas le jus offerendæ pecuniæ. (L. 10 C, qui pot. in pign.)

Le créancier hypothécaire, pour exercer ce droit, n'a besoin ni du consentement du créancier, ni de celui du débiteur. Et dicimus priori creditori inutilem esse actionem cum per eum fiat ne ei pecunia solvatur.

D'après différentes dispositions de la loi romaine, le droit de désintéresser le créancier antérieur et de lui succéder pouvait encore être exercé soit contre le créancier qui avait acquis la propriété de la chose hypothéquée par un achat ou une dation en paiement, (L. 1 C, Si antiq. cred. — L. 3, D, De distr. pign.) soit contre les cautions à qui le gage avait été laissé à titre d'achat, en conséquence du paiement qu'elles avaient fait pour le débiteur, (L. 2 et 5, § 1 D, De distr. pign.) soit même contre un tiers acheteur du gage quand le débiteur avait vendu ce gage sans le concours du premier créancier, bien qu'il eût employé le prix à le désintéresser. (L. 3, § 1, D, De distr. pign.—Loi 1, C, Si antiq. cred.) Le premier créancier en effet avait seul le droit de vendre le gage et pouvait ainsi anéantir le droit de gage des créanciers postérieurs. (Gauthier. Traité de la Subrogation).

La vente ne sera donc irrévocable que si elle a été faite par le premier créancier. En dehors de cette hypothèse, le tiers acheteur, comme nous venons de le voir, bien qu'il ait payé son prix au premier créancier, reste exposé à l'effet du *jus offerendi* de la part des créanciers postérieurs ; mais il jouit du bénéfice de cession d'actions, (L. 3, C, De his qui in priorum.) de sorte qu'on ne pourra l'évincer qu'en l'indemnisant, ce qui d'ailleurs se produira rarement.

De savants interprètes ont pensé que le droit d'offrir ne pouvait être exercé que par le créancier postérieur, et effectivement, c'était à lui surtout qu'il était utile (L. 1 et 5, C, qui pot. in pign.) Mais cependant le créancier antérieur peut avoir intérêt à en user pour prévenir des contestations entre créanciers ; les lois 1, D, De dist. pign. 5, C, qui pot. semblent supposer qu'il avait ce droit que Paul lui accorde formellement dans ses Sentences (L. II, tit. XIII, § 8.)

A moins que le créancier ne consente à recevoir un paiement partiel, celui qui veut exercer le *jus offerendi* doit le payer de tout ce qui lui est dû en capital et intérêts. (L. 2 et 3, D, De dist. pign. L. 5, C, qui potiores.)

Si le créancier refuse le paiement qui lui est offert, le créancier postérieur obtiendra en déposant la somme offerte, (L. 1, C, qui potiores. — L. 20, D eod.) le même résultat, c'est-à-dire que, succédant aux droits de ce créancier, il pourra mettre en vente la chose hypothéquée (L. 5, D, De distract. pign.) et se rembourser sur le prix en provenant de tout ce qui lui est dû, sauf des intérêts des intérêts payés au premier créancier. (L. 12, § 6, qui potiores, D.)

Cette subrogation était légale. (L. 11, § 4, qui potiores, D. — L. 1, C, eod.)

Le *jus offerendæ pecuniæ* s'éteignait par le même laps de temps que l'action hypothécaire. (L. 7, § 3 C, De præscriptione xxx).

Nous avons dit que le créancier postérieur qui veut être subrogé au créancier antérieur doit lui payer tout ce qui lui est dû. Si outre la dette hypothécaire le créancier que l'on veut désintéresser a une autre créance chirographaire, il n'y a aucun doute qu'on ne sera point obligé de la lui rembourser. (L. unic. in fine C. Etiam ob chirogr.) Mais si cette seconde créance est garantie par une hypothèque, quoique postérieure à celle du créancier qui veut payer, ce créancier sera-t-il obligé pour obtenir la subrogation de payer au créancier antérieur, non-seulement la créance qui le prime, mais encore celle à laquelle la sienne propre est préférable ?

Autre hypothèse : Trois créanciers étant inscrits sur

un immeuble et le troisième ayant exercé le *jus offerendæ pecuniæ* à l'égard du premier, le second peut-il, en voulant exercer le même droit vis-à-vis du troisième devenu le premier, se borner à lui offrir le remboursement de la première créance inscrite, sans lui offrir le paiement de sa propre créance, la troisième ?

Pour résoudre ces deux questions avec une certitude complète, il faudrait pénétrer le sens malheureusement trop obscur de la loi 20, Qui pot. D. Au premier abord, ce texte semble donner au créancier postérieur le droit d'obtenir la subrogation en payant seulement la créance par laquelle il est primé ; mais nous ne croyons pas que ce texte tranche nettement la question en ce sens, car s'il dit que si le créancier intermédiaire qui a payé la première créance succède au droit de préférence qui y est attaché, il ne dit pas que si le premier créancier demande le paiement d'une seconde créance, outre celui de la première, il devra être repoussé dans sa prétention. Nous pensons donc que dans les deux hypothèses que nous avons prévues, le créancier qui voudra exercer le *jus offerendæ pecuniæ* devra rembourser les deux créances.

Mais bien entendu, cet effet du *jus offerendæ pecuniæ* n'aura aucune influence sur le règlement définitif; le droit de préférence restera toujours là où il était auparavant. Le premier créancier qui s'est fait payer par le second sa seconde créance venant en troisième ordre, ne le primera dans la distribution du prix que pour sa première créance ; de même que le troisième créancier qui a payé le premier ne primera le second que pour le montant de la première créance. (L. 16, D, Qui potiores.)

DROIT FRANÇAIS

INTRODUCTION.

On distingue deux sortes de subrogations :

La subrogation réelle ou substitution d'une chose à une autre dont elle prend la place et revêt les caractères conformément à la maxime : *Subrogatum capit naturam subrogati*.

Et la subrogation personnelle ou, dans une acception étendue, substitution d'un tiers à un créancier, opérée par une cause juridique quelconque, et par suite de laquelle ce tiers est autorisé à exercer pour son propre compte et dans son intérêt personnel tout ou partie des droits et actions du créancier. (MM. Aubry et Rau).

Mais ce que l'on entend dans la pratique par la subrogation, c'est celle qui a lieu soit au profit du tiers qui a prêté au débiteur les fonds destinés à sa libération, et qui y ont effectivement été employés, ou au profit du tiers qui a lui-même de ses propres deniers payé le créancier.

D'où deux sortes de subrogations : la subrogation conventionnelle et la subrogation légale.

Toute cette matière est remplie de difficultés et mérite la qualification de très-épineuse que lui donnait Renusson. L'ancien droit, qui organisa scientifiquement la subrogation dont il avait trouvé le germe dans le droit romain, nous présente sur ce point des controverses innombrables entre les grands jurisconsultes, controverses que le Code civil, dans sa regrettable brièveté, n'a point encore fait disparaître.

Nous examinerons spécialement ici la subrogation légale, mais notre étude, même réduite à ces proportions ne serait pas complète, si nous n'examinions pas d'abord quels sont les caractères généraux de la subrogation, et à la suite quels en sont les effets.

CARACTÈRES GÉNÉRAUX DE LA SUBROGATION

Trouver dans le silence du Code une bonne définition de la subrogation ; formuler cette définition en déterminant nettement le caractère de la subrogation, n'est pas chose facile, ainsi que le prouvent les différents systèmes qui existent encore sur ce sujet et dont les théories diverses font nécessairement sentir leur influence dans la pratique.

Une importance capitale s'attache donc au choix d'un système auquel nous devrons rattacher les différentes solutions que nous aurons à donner par la suite.

En principe, le paiement éteint la dette avec tous ses accessoires (art. 1234, 2034, 2071, 2114, 2180) et il n'y a pas lieu de distinguer, quant à l'effet extinctif du paiement, entre le cas où la dette a été payée par le débiteur lui-même et celui où elle a été payée par un tiers. Il est vrai que, à un autre point de vue, le résultat sera différent, et que dans le dernier cas si la créance payée est éteinte, une autre action naît au profit du tiers, action de mandat, de gestion d'affaires, de prêt ou autre, mais cette dernière action n'a rien de commun avec la première qui est définitivement éteinte par le paiement avec tous ses accessoires. Or, il peut se faire, et il arrive même très-souvent, que cette seconde action soit inefficace, naissant pure et simple, tandis que la première était garantie par des sûretés spéciales.

Une telle rigueur serait contraire au crédit public en rendant très-difficile la libération d'un débiteur poursuivi par un créancier, à cause du défaut de sûreté du recouvrement pour le prêteur de fonds. Mais il n'en est pas ainsi, et dans toute cette matière, l'équité et l'utilité pratique ont prévalu sur la rigueur des principes juridiques ; avec difficulté toutefois, car l'introduction de la fiction à la place de la réalité et les divers progrès de cette fiction dans le domaine du droit furent souvent difficilement acceptés par les jurisconsultes partisans des logiques, mais rigoureuses et gênantes traditions.

Examinons maintenant en quoi consiste cette fiction, en étudiant les différents systèmes que nous avons annoncés sur la nature de la subrogation. Ces systèmes sont au nombre de cinq.

PREMIER SYSTÈME.

La subrogation est un véritable transport-cession, ces deux choses doivent être assimilées et confondues. En effet, c'est la créance même du subrogeant qui passe au subrogé, comme le prouvent les lois 17 et 36, D, de fidej., la définition que Pothier donne de la subrogation dans l'intr. au titre xx de la Coutume d'Orléans, et les termes de l'art. 1250 qui se sert des mêmes mots que Pothier « droits, actions, priviléges ou hypothèques » et veut par conséquent reproduire la même idée.

Donc le subrogé est un cessionnaire qui peut recouvrer la totalité de la créance, alors même que cette créance est supérieure à ses déboursés. Donc la subrogation ne pourra valoir vis-à-vis d'un tiers que si elle a été signifiée au débiteur cédé ou acceptée par lui dans un acte authentique (Art. 1690).

Ce système est abandonné. Si la subrogation n'était autre chose qu'un transport, le Code ne lui aurait pas donné un autre nom, et n'en aurait pas traité dans un chapitre spécial. Dans ce système même, les termes du Code « paiement avec subrogation » n'auraient pas de sens, cas alors il n'y aurait pas de paiement, il n'y aurait qu'un transport.

SECOND SYSTÈME.

La subrogation est un paiement entre le subrogé et le créancier, mais vis-à-vis du débiteur, c'est un transport-cession. Dès-lors vis-à-vis du débiteur le subrogé aura le droit de réclamer la totalité de la créance ; la signification du transport au débiteur sera nécessaire à l'égard des tiers ayant des droits du chef du débiteur, mais non à l'égard des tiers ayant des droits du chef du créancier.

Ce système s'appuie sur l'art. 1250, aux termes duquel « la subrogation est conventionnelle lorsque le

» créancier, recevant son paiement d'une tierce-per-
» sonne, la subroge dans ses droits et actions.... contre
» le débiteur. » Donc, dit-il, il y a transport vis-à-vis
du débiteur.

Mais il est facile de démontrer qu'il n'en est pas ainsi; en effet, aux termes de l'article 1252 « la subrogation
» ne peut pas nuire au créancier lorsqu'il n'a été payé
» qu'en partie ; dans ce cas, il peut exercer ses droits
» pour ce qui lui reste dû, par préférence à celui dont
» il n'a reçu qu'un paiement partiel. »

Donc il y a bien dans la subrogation un paiement et non un transport, puisque s'il y avait transport le cédant et le cessionnaire devraient être mis sur la même ligne, et que le premier, comme nous le verrons plus tard, n'aurait sur le second aucune cause de préférence.

D'ailleurs la loi ne parle nulle part de cette double opération que l'on prétend contenue dans la subrogation.

TROISIÈME SYSTÈME.

Il faut distinguer entre les deux espèces de subrogations. Les effets de la subrogation conventionnelle et ceux de la subrogation légale sont différents.

La subrogation légale est un paiement, ce n'est pas un transport-cession, car il ne peut pas y en avoir sans cédant ; mais la loi transporte au tiers qui paie les accessoires de la dette.

Au contraire la subrogation conventionnelle est un

véritable transport, car au terme de l'art. 1249, « le » créancier subroge une tierce personne dans ses droits, » actions, priviléges ou hypothèques contre le débiteur. »

Cette opinion, et la conséquence pratique qui en découle, sont admises en matière d'enregistrement (MM. Championnière et Rigaud. II. 1250). L'enregistrement assimile la subrogation conventionnelle au transport-cession.

Mais quand la subrogation conventionnelle est consentie par le débiteur, y a-t-il un transport-cession ou un paiement ?

Ici les partisans de ce système se séparent, et selon les uns il y aurait encore une distinction à faire entre la subrogation conventionnelle *a parte creditoris* et la subrogation conventionnelle *a parte debitoris*. Selon Toullier, par exemple, la subrogation consentie par le débiteur ne peut conférer qu'un droit nouveau, d'où il résulte que si le débiteur a aliéné le fonds hypothéqué, il ne peut plus subroger dans l'hypothèque un prêteur de fonds, parce que cette hypothèque serait consentie *a non domino*.

Ce système, à quelque degré qu'on l'admette, doit, selon nous, être repoussé, et malgré l'autorité de Domat et celle de Basnage qu'on invoque à l'appui, nous croyons qu'il n'y a pas lieu de distinguer entre les diverses causes de subrogation.

Et d'abord, quoiqu'en dise Toullier, il n'y a pas de différence entre la subrogation conventionnelle *a parte creditoris* et celle qui est consentie par le débiteur ; car de deux choses l'une : ou le droit conféré par le débiteur subrogeant au tiers subrogé est le droit ancien, le droit du créancier, et alors point de difficulté, il pourra subroger dans toute hypothèse ; ou le droit conféré est un droit nouveau, mais alors pour être logique, on ne devra pas plus lui permettre de conférer un droit nouveau au préjudice d'autres créanciers (quand l'immeuble lui appartient encore) que de conférer un droit nouveau au préjudice d'un tiers-détenteur (quand il a vendu l'immeuble hypothéqué) : c'est l'un ou l'autre, ce ne peut pas être l'un et l'autre. Or on permet la subrogation au débiteur quand il est encore propriétaire, donc on doit la lui permettre même après qu'il a cessé de l'être. Donc il n'y a pas à distinguer entre les deux sortes de subrogations conventionnelles.

Faut-il distinguer davantage entre la subrogation conventionnelle et la subrogation légale ? Faire cette distinction c'est se mettre en contradiction formelle avec le Code qui, suppléant dans la subrogation légale le consentement du créancier par un motif évident d'équité et d'utilité pratique, les met toutes deux sur la même ligne en disant dans l'art. 1252 : La subrogation établie par les articles précédents.... « La subrogation... et non... les subrogations. »

Les diverses espèces de subrogations ont donc la même nature, ce sont des paiements. Si d'ailleurs le Code avait vu un transport dans la subrogation consentie par le créancier, il en aurait traité au liv. III, ch. VIII. « Du transport des créances et autres droits incorporels. » Au contraire il a réuni les diverses espèces de subrogations sous une même rubrique : « Du paiement avec subrogation. »

Restent deux systèmes sérieux entre lesquels la lutte est très-vive.

QUATRIÈME ET CINQUIÈME SYSTÈMES

Selon MM. Grappe (Recueil de Merlin), Bugnet, Marcadé, la subrogation serait l'attribution conventionnelle ou légale des accessoires, privilèges, hypothèques et cautionnements de l'ancienne créance, éteinte par le paiement fait avec l'argent d'un tiers, à une nouvelle créance née du paiement ou du contrat de prêt qui a procuré au débiteur les fonds avec lesquels il s'est libéré.

Ce système voit dans la subrogation une novation par changement de créancier (1278).

Selon nous, au contraire, et dans un cinquième système, la créance n'est pas éteinte, elle passe dans les mains du subrogé, mais seulement dans la limite de ses déboursés.

Le quatrième système est contraire aux traditions, aux textes de la loi et à l'intérêt des parties.

1° Aux traditions. En droit romain, comme nous l'avons vu, c'était l'action même du créancier qui, par l'effet du *beneficium cedendarum actionum*, passait au subrogé.

L'ordonnance de 1609 nous dit que le subrogé succède « aux droits, aux hypothèques, aux noms et raisons et aux actions de l'ancien créancier » et Pothier définit la subrogation dans les mêmes termes (Int. au tit. xx de la Cout. d'Orléans) qu'il explique dans le n° 67.

2° Aux textes de la loi. Car le Code a reproduit la formule de Pothier, laquelle est elle-même prise dans l'ordonnance de 1609.

Plusieurs textes parlent même de la transmission des droits du créancier, c'est-à-dire de la créance, sans parler de la transmission des accessoires. (Art. 1250, § 2 — 874 — 2029. — C. comm. 159).

3° A l'intérêt des parties. Car la subrogation est un élément de crédit que le quatrième système restreint au détriment de tous.

Nous définirons donc la subrogation avec MM. Aubry et Rau : une fiction juridique, admise ou établie par la loi, en vertu de laquelle une obligation éteinte au regard du créancier originaire par suite du paiement qu'il a reçu d'un tiers, ou du débiteur lui-même, mais avec des deniers qu'un tiers lui a fournis à cet effet, est regardée comme continuant de subsister au profit de ce tiers qui est autorisé à faire valoir, dans la mesure de ce qu'il a déboursé, les droits et actions de l'ancien créancier.

On nous objecte qu'une créance éteinte par un paiement ne peut pas continuer d'exister au profit du subrogé. Cela est vrai en droit pur, mais l'application de cette règle, si on veut être logique, ruinera complétement la subrogation, car si le paiement éteint la dette, il en éteint aussi tous les accessoires (2034 et 2180.) Donc ces accessoires étant éteints ne devraient pas pouvoir être transmis par la subrogation. Mais il n'en est pas ainsi : la subrogation en effet est une fiction, mais si nos adversaires admettent cette fiction quant aux accessoires, il n'existe aucune raison pour ne pas l'admettre quant à la créance elle-même.

Nous avons dit qu'une importance capitale s'attachait au choix d'un système sur la nature de la subrogation. C'est ce qui ressortira de l'examen de quelles conséquences résultant de la théorie que nous avons adoptée.

Le subrogé ne peut répéter du débiteur que ce qu'il a déboursé pour sa libération (4e et 5e systèmes). Si donc a obtenu du créancier une quittance pour une somme moindre que la créance, il ne pourra exiger du débiteur le montant intégral de la créance. Un cessionnaire, au contraire, le pourrait, car il spécule et son but est d'obtenir, au plus bas prix possible, une créance qu'il recouvrera tout entière. Tout autre est le but que se propose le subrogé : il ne spécule pas, il paie, mais en se réservant des garanties suffisantes de recouvrement.

Toullier n'est pas de cet avis et pense que la question devra être résolue suivant les circonstances. Il prend une distinction dans l'art. 1236, et dit que si le tiers se présente comme mandataire du débiteur, il n'aura droit qu'au remboursement de ses avances, mais que s'il agit en son propre nom, il pourra recouvrer la créance totale, quoique supérieure à ses déboursés. En l'absence de tout indice sur ce point, il décide encore que le subrogé a droit à la totalité de la créance, par ce motif que le créancier peut avoir voulu gratifier le subrogé ; il fait toutefois une exception à sa solution dans le cas de subrogation consentie par le débiteur.

Nous croyons ce système erroné, car que le tiers se soit présenté ou non comme le mandataire du débiteur,

4

dans tous les cas, ce qu'il a voulu, c'est la libération du débiteur. Or par ce paiement il a éteint la dette et cette dette ne subsiste que par une fiction pour lui permettre de recouvrer ses déboursés.

Sans doute, le subrogé qui a payé une somme moindre que la créance aurait droit à son remboursement intégral, si le créancier en recevant un paiement inférieur à son montant avait déclaré le subroger à forfait. Mais qui ne voit que notre question disparaîtrait alors, parce que dans ce cas il n'y aurait plus de subrogation, mais un véritable transport-cession. Voilà donc une différence importante entre la subrogation et le transport-cession.

Autre différence : le cessionnaire d'une créance n'est saisi à l'égard des tiers que par la signification du transport faite au débiteur ou son acceptation dans un acte authentique (1690).

Selon nous, cette disposition n'est pas applicable au cas de subrogation, c'est une disposition spéciale au transport de créances, or la subrogation n'est pas un transport de créance (4e et 5e systèmes).

En effet, le paiement éteint la dette à l'égard de tous, sans qu'il soit besoin d'aucune signification, ni d'aucune acceptation ; donc il sera opposable aux tiers dès que la quittance qui le constate aura acquis date certaine ; c'est à partir de ce moment qu'aucune opposition ne pourra être valablement formée entre les mains du débiteur sur le créancier subrogeant ; entre deux subrogés, celui-là sera préféré qui sera subrogé le premier par un acte ayant date certaine.

Selon nous donc, et contrairement à l'opinion de

Toullier et de tous ceux qui voient dans la subrogation un transport, la subrogation peut être opposée à tous ceux qui par une voie quelconque ont eu connaissance du paiement. Mais nous appliquerons ici l'art. 1382. Supposons donc que le subrogé n'a point averti d'une manière quelconque le débiteur du paiement fait par lui et que ce débiteur a payé une seconde fois ; ce débiteur sera valablement libéré et le subrogé n'aura pas de recours contre lui, il n'en aura que contre le subrogeant. Cette solution est conforme à l'art. 2031 aux termes duquel « la caution qui a payé une première fois n'a point de recours contre le débiteur principal qui a payé une seconde fois, lorsqu'elle ne l'a point averti du paiement par elle fait ; sauf son action en répétition contre le créancier. »

Le subrogeant n'est pas tenu à garantie. (4e et 5e systèmes.)

Les auteurs qui voient dans la subrogation un transport, lui appliquent logiquement l'art. 1693. « Celui qui » vend une créance ou autre droit incorporel doit en ga- » rantir l'existence au temps du transport, quoiqu'il soit » fait sans garantie. »

Mais nous ne croyons pas que leur théorie soit exacte et voyant dans la subrogation un payement nous ne voyons aucune raison de lui appliquer l'art. 1693.

Notre solution est conforme à l'avis des anciens auteurs, sauf Denizart : c'est l'avis de Dumoulin (*De usuris* 672), de Renusson (ch. II, nos 22 et 25), de Pothier (Intr. au tit. XX de la Coutume d'Orléans, section V, n° 66.)

De plus elle se trouve dans l'Exposé des motifs du Code civil. (Déclaration de M. Bigot-Préameneu.)

Le subrogeant n'est donc pas garant de l'existence de la créance, mais il ne pourra évidemment pas conserver le bénéfice du paiement indûment effectué par le subrogé. Ce dernier aura contre lui l'action en répétition *Condictio indebiti*. Il y a entre l'action en garantie et la *condictio indebiti* cette différence, que le subrogeant ne devra indemniser le subrogé ni des intérêts de la somme payée, ni des frais et loyaux coûts de la quittance, ni de ceux faits sur la demande en restitution, comme il le devrait s'il était cédant au lieu d'être subrogeant. Mais il serait assujetti aux mêmes obligations que le cédant s'il était de mauvaise foi. (Art. 1378, 1382, 1383.)

Mais le subrogeant sera-t-il garant du rang hypothécaire attaché à sa créance et sur lequel le subrogé a dû compter? Pas davantage, car il n'a reçu que ce qui lui était dû. Toutefois il en serait autrement s'il résultait des termes de l'acte que le créancier ne s'est pas contenté de recevoir son paiement, mais a en outre promis la garantie des droits auxquels le tiers était subrogé, comme une condition du paiement.

Le tuteur ne peut jamais se rendre cessionnaire d'un droit ou d'une créance contre son pupille, même avec l'autorisation du conseil de famille. (Art. 450.)

Selon MM. Toullier, Duranton et tous ceux qui assimilent la subrogation au transport-cession, le tuteur ne peut pas davantage payer avec subrogation la dette de son pupille. Selon nous au contraire (4e et 5e systèmes) le paiement avec subrogation sera permis au tuteur.

Pothier, combattant l'opinion de Renusson, qui décidait la négative, allait jusqu'à dire que le tuteur devait jouir de la subrogation légale. (Intr. au tit. xx de la Cout. d'Orléans, § III, n° 20.)

Nous n'irons point jusque-là ; sans doute le tuteur aura la subrogation légale si, en dehors de sa qualité de tuteur, il se trouve dans un des cas de subrogation légale, par exemple comme codébiteur solidaire ou comme caution. mais s'il paye en sa seule qualité de tuteur, nous ne lui accordons que le droit d'obtenir du créancier la subrogation conventionnelle.

Aucune loi en effet ne le lui défend, et s'il en existait une, ce serait une loi contraire à l'intérêt du mineur qui, dans certains cas, peut avoir un très grand avantage à ce que son tuteur puisse en toute sûreté payer sa dette de ses propres deniers, ce qu'il ne ferait pas s'il lui fallait pour cela exposer son capital en se contentant d'un recours pur et simple sans aucune des garanties de la créance originaire.

D'ailleurs le motif qui a guidé le législateur dans l'art. 450, à savoir que le tuteur ne doit pas pouvoir spéculer sur son mineur en achetant à bas prix des créances contre lui, créances éteintes partiellement ou totalement en vertu de quittances que lui tuteur anéantirait, ce motif n'existe pas dans le cas de subrogation puisque le subrogé ne peut répéter du débiteur que ce que lui a coûté sa libération. Donc le tuteur peut payer la dette de son pupille avec subrogation, et nous ne pouvons admettre le système de M. Duranton selon lequel le conseil de famille pourra autoriser le tuteur à payer avec subrogation ; car de deux choses l'une : ou la subrogation est une cession et alors il faut lui appliquer l'art. 450, et dire que le conseil de famille sera impuissant à relever le tuteur de l'incapacité prononcée contre lui ; ou la subrogation est un paiement, et dans ce cas aucune autorisation n'est nécessaire.

Nous avons dit que la subrogation au profit du tuteur ne pourrait être qu'utile au mineur. On peut nous objecter que la subrogation pourra servir à déguiser une cession véritable, une spéculation du tuteur. Cela est vrai, il faut le reconnaître ; mais si cette considération devait suffire pour empêcher le tuteur de payer avec subrogation, ce que nul article ne lui défend, il faudrait en généraliser la portée et présumer la fraude dans tous les actes de la tutelle qui, si on veut bien les examiner en détail, fournissent presque tous au tuteur le moyen de réaliser un gain illégitime au détriment du mineur. Or si on permet au tuteur de payer les dettes du mineur avec l'argent du mineur, pourquoi lui défendre de les payer avec son argent propre ? Y a-t-il plus de danger à lui permettre la seconde opération que la première ?

D'ailleurs si la subrogation a en fait déguisé une cession, elle pourra être annulée comme telle, mais on ne peut pas dire que toute subrogation au profit d'un tuteur sera présumée cacher une cession et comme telle nulle, car le dol ne se présume pas. (Art. 1116).

L'art. 1252 est spécial à la matière de la subrogation. (4e et 5e systèmes.)

Cet article est ainsi conçu : « La subrogation établie par les articles précédents...... ne peut nuire au créancier lorsqu'il n'a été payé qu'en partie ; en ce cas il peut exercer ses droits pour ce qui lui reste dû, par préférence à celui dont il n'a reçu qu'un paiement partiel. »

C'est là, croyons-nous, une nouvelle différence entre la subrogation et la cession; cessionnaire partiel et cédant devront supporter proportionnellement la perte, si la créance ne peut être recouvrée qu'en partie.

M. Troplong n'est pas de cet avis ; il donne la priorité au cessionnaire partiel contre le cédant par ce motif que le cédant doit en sa qualité de vendeur faire jouir son cessionnaire et par conséquent lui céder le droit de préférence.

Cette solution n'est pas admissible et il suffit de lire les art. 1693, 1694 et 1695 pour voir que le texte du Code la repousse, car dire que le débiteur devenant insolvable, le cessionnaire partiel primera le cédant, c'est supposer que le cédant est garant de l'insolvabilité future du débiteur, ce qui est contraire au texte.

M. Troplong considère cependant sa solution comme manifeste à raison de l'équité qui, selon lui, la commande. Selon nous, l'équité commande l'égalité entre le cédant et le cessionnaire, par cette raison que le cessionnaire achetant dans les conditions déterminées par les articles précités, a toujours fait une opération ayant un caractère aléatoire. Mais supposons même que l'équité fût du côté de M. Troplong, ce ne serait pas le cas de lui donner pleine puissance, car il faudrait la faire prévaloir sur les textes et ce n'est point là le rôle de l'équité.

Le cessionnaire partiel a acquis une portion de la créance, portion absolument semblable à celle que le cédant a conservée ; la raison pure nous dit donc qu'ils doivent être mis tous les deux sur le même rang. Il en est tout différemment en matière de subrogation, car le payement avec subrogation, produit au regard du créancier désintéressé en partie l'extinction d'une partie de la dette ; ce n'est que par une fiction de droit que la créance continue d'exister au profit du subrogé ; par conséquent le créancier subrogeant doit recevoir du payement avec subrogation tout l'avantage qu'il aurait reçu d'un payement pur et simple. On ne peut donc pas tirer de l'art. 1252 un argument en faveur de la priorité du cessionnaire sur le cédant, car les deux cas sont très-différents.

Comme on a pu le voir, les cinq points de droit que nous venons d'examiner sont résolus de la même façon par le quatrième système sur la nature de la subrogation et par le cinquième que nous avons adopté ; ils ne sont résolus d'une manière différente que par les partisans des trois premiers systèmes.

Voici au contraire quatre points sur lesquels le quatrième et le cinquième système se divisent.

La créance était commerciale et productive d'intérêts à 6 °/₀, ou antérieure à la loi du 3 novembre 1807 et productive d'intérêts à 10 °/₀.

Le subrogé peut-il réclamer ces intérêts supérieurs à 5 °/₀, comme il le pourrait évidemment s'il était cessionnaire ?

Dans le quatrième système il n'y a pas de question et l'on décide que le subrogé n'a droit qu'aux intérêts à 5 °/₀.

Mais dans le cinquième système on est divisé sur ce point. C'est ainsi que MM. Duranton, Valette et Gauthier décident que le subrogé a droit aux intérêts au-dessus de 5 %, par ce motif que c'est la créance elle-même, commerciale ou productive d'intérêts élevés qui passe au subrogé avec toutes ses qualités. MM. Demolombe et Mourlon, tout en professant que c'est la créance originaire qui passe au subrogé, ne partagent pas cette opinion et avec raison selon nous.

L'effet de la subrogation est de garantir au subrogé le recouvrement de sa créance, de la créance née du mandat, de la gestion d'affaires ou du prêt ; ce que le subrogé a déboursé, c'est un capital qui ne devait produire des intérêts qu'à 5 %.

Il est évident qu'un prêteur de fonds subrogé dans les droits du créancier qui a droit à des intérêts à 10 %, ne peut pas faire payer plus de 5 % d'intérêts à son emprunteur, de même pour un mandataire, une caution, un gérant d'affaires. Pourquoi donc décider le contraire dans le cas où la subrogation émane du créancier ? N'avons-nous point montré que même dans ce cas la subrogation n'est pas une cession, mais un payement.

Donc nous pensons que le subrogé dans une créance commerciale ne peut réclamer des intérêts qu'à 5 %, de même que celui qui paye avec subrogation une créance antérieure à 1807. Dans le système contraire, on pourrait soit faire des prêts à 6 % en matière civile, en se faisant subroger à une créance commerciale, soit réaliser un gain ce qui serait contraire à la nature de la subrogation.

La créance payée était garantie par la contrainte par corps. Le subrogé aura-t-il la contrainte par corps contre le créancier ?

La question était très-pratique avant 1867 et l'est encore aujourd'hui pour la réparation civile d'un délit. Sur ce point le 4e et le 5e systèmes se séparent.

Les partisans du quatrième système pensent que la contrainte par corps ne passe pas au subrogé parce qu'elle est non un accessoire mais une qualité de la créance.

Nous qui pensons avec le 5e système que c'est la créance elle-même qui passe au subrogé, nous ne pouvons pas faire de difficulté et nous devons dire logiquement que le subrogé a le droit de contrainte par corps contre le débiteur.

Une rente perpétuelle a été remboursée par un subrogé ; ce subrogé aura-t-il action pour le remboursement du capital ou pour les arrérages seulement ?

Pothier professe sur ce point une doctrine assez singulière : la subrogation était-elle ordinaire, c'est-à-dire légale ou consentie par le créancier, le subrogé pouvait à son choix demander le capital ou la rente ; la subrogation était-elle consentie par le débiteur, le subrogé n'avait droit qu'au capital. Ce système est inadmissible, car ainsi que nous l'avons vu, il n'y a dans notre droit moderne qu'une seule nature de subrogation (art. 1252), et il faut opter entre le capital ou la rente.

Dans le quatrième système qui ne transmet au subrogé que les accessoires de l'ancienne dette, il n'y a pas de question, le subrogé n'a droit qu'au capital.

Dans notre système, au contraire, le cinquième, qui fait passer au subrogé la créance même du créancier originaire, il y a controverse sur le point qui nous occupe.

M. Demolombe, tout en admettant que c'est la créance elle-même qui passe au subrogé, n'admet pas que le subrogé acquière le droit d'exiger des arrérages ; il ne lui accorde que le droit de se faire rembourser le capital.

Malgré l'autorité de cette opinion, nous ne croyons pas qu'elle puisse être justifiée quand on admet le principe de la transmission au subrogé de la créance originaire, et nous pensons que le subrogé n'a le droit d'exiger que des arrérages.

L'action qui appartient au subrogé se prescrira-t-elle comme celle du créancier subrogeant ?

Oui ; quand on admet que c'est l'ancienne créance qui passe en nature au subrogé, on est, ce nous semble, forcé d'admettre également que c'est par le temps qui restait à courir pour la prescription de cette créance que se prescrira l'action transmise au subrogé et le droit lui appartenant d'exercer les privilèges ou hypothèques attachés à la créance originaire.

Mais indépendamment de cette créance originaire, et alors même que la subrogation ne pourra plus lui être utile, le subrogé peut toujours exercer son action pure et simple de prêt, de mandat ou de gestion d'affaires. Par quel laps de temps se prescrira cette action ? Il faut distinguer :

Le subrogé avait-il, outre la subrogation, un droit

de recours contre le débiteur, parce qu'il avait payé en qualité de codébiteur solidaire, de caution, de détenteur, il est évident que son action durera trente ans à partir du paiement ; autrement on tournerait contre lui la subrogation légale établie à son profit.

Il en est de même évidemment dans le cas de subrogation par le débiteur empruntant des fonds, ou donnant mandat exprès ou tacite de payer sa dette.

Mais supposons au contraire la dette acquittée par un tiers étranger, sans mandat et sans que ce tiers puisse prouver qu'il a géré utilement l'affaire du débiteur, supposons encore le cas de subrogation par le créancier, l'action de ce tiers s'éteindra avec la créance originaire, car le débiteur étant resté étranger au paiement ne doit pas souffrir une prolongation d'obligation, parce qu'il a plu à un tiers de venir ainsi, à son insu, éteindre sa dette.

DE LA SUBROGATION LÉGALE.

La subrogation légale est celle qui est accordée de plein droit, sans aucune convention ni réquisition, à ceux qui peuvent être forcés de payer la dette d'autrui ou qui ont un intérêt légitime à la payer.

Il serait superflu de démontrer longuement le caractère éminemment équitable de la subrogation légale ; ceux auxquels elle est accordée par le Code sont en effet dans une position telle qu'ils ont pour ainsi dire droit à la faveur spéciale de la loi, et que l'on comprendrait difficilement que cette protection spéciale ne leur fût pas accordée.

Cependant il n'en était pas tout-à-fait ainsi dans l'ancien droit : Il existait en effet deux sortes de subrogations légales : la subrogation en vertu de la loi seule, et la subrogation en vertu de la réquisition qui en était faite.

Etaient soumis à la réquisition de la subrogation le coobligé, la caution, le tiers-détenteur ; au temps de Pothier, si le créancier refusait la subrogation, il suffisait, mais il était nécessaire de la requérir dans la quittance. Pothier justifie ou du moins explique cette différence en disant que ces sortes de débiteurs peuvent avoir en payant un autre but que d'être subrogés, c'est-à-dire celui de se libérer, tandis que, par exemple, le créancier hypothécaire postérieur qui paie un créancier antérieur ne peut avoir en payant d'autre but que d'acquérir la subrogation (n°s 72 et 74, Intr. au tit. xx de la Cout. d'Orléans).

Cette théorie est-elle rationnelle, est-elle équitable ? Dumoulin ne le pensait point et il s'efforça dans ses leçons de Dôle de faire prévaloir son opinion. Il prétendit que dans les cas qui nous occupent la subrogation avait lieu de plein droit et n'avait pas besoin d'être requise par le débiteur. « Celui, disait-il, qui peut acquérir le bénéfice de la subrogation sous la seule condition de le requérir en payant, ne doit pas être présumé, quand il paye purement et simplement, avoir renoncé à un avantage aussi important. Lorsque la loi permet à quelqu'un d'acquérir un droit précieux, protecteur, qui sera la sauvegarde de sa fortune, elle doit tenir pour constante l'intention de l'acquérir.

Cet argument est d'une force irrésistible, mais en législation seulement. En pur droit au contraire, et alors qu'il fallait interpréter les lois romaines d'une façon différente de celle dont on les avait entendues jusque-là, cet argument ne suffisait pas pour modifier la doctrine ni la pratique. Dumoulin ne réussit donc pas immédiatement ; (Pothier, Oblig. n° 280) mais le Code qui s'est affranchi des difficultés d'interprétation des lois romaines, a consacré son système qui était le système de la logique et de l'équité, et c'est pourquoi nous n'avons plus qu'une seule espèce de subrogation légale, la subrogation « en vertu de la réquisition » ayant disparu.

Aux termes de l'art. 1251, la subrogation légale existe dans quatre cas, évidemment limitatifs :

1° Au profit de celui qui, étant lui-même créancier, paye un autre créancier qui lui est préférable à raison de ses privilèges ou hypothèques ;

2° Au profit de l'acquéreur d'un immeuble, qui emploie le prix de son acquisition au paiement des créanciers auxquels cet héritage était hypothéqué ;

3° Au profit de celui qui, étant tenu avec d'autres ou pour d'autres au paiement de la dette, avait intérêt de l'acquitter ;

4° Au profit de l'héritier bénéficiaire qui a payé de ses deniers les dettes de la succession.

PREMIER CAS.

De la subrogation légale au profit de celui qui étant lui-même créancier, paie un autre créancier qui lui est préférable à raison de ses priviléges ou hypothèques.

L'origine de ce premier cas de subrogation légale est dans le droit romain. Nous avons vu en effet que le gage conférait au créancier antérieur un droit en quelque sorte exclusif, puisque lui seul avait le droit de faire vendre. Mais le second créancier pouvait remédier à ce grave inconvénient en payant au créancier antérieur tout ce qui lui était dû ou, s'il refusait de recevoir son paiement, en lui faisant des offres et en consignant. Ce droit consacré par plusieurs textes était nommé par les jurisconsultes *jus offerendæ pecuniæ* ou *jus offerendi.*

Le créancier postérieur qui payait dans ces conditions était subrogé de plein droit, et il pouvait écarter par là même les autres créanciers postérieurs, puisqu'il n'avait fait le paiement que dans son propre intérêt et n'avait pas entendu faire l'affaire des autres créanciers.

Le paiement avait pour le créancier subrogé un double avantage : il lui permettait soit de vendre valablement le gage commun, soit de retarder, lorsqu'il y avait intérêt, l'aliénation que le créancier antérieur se proposait de faire.

Cette espèce de subrogation se retrouve dans notre ancienne jurisprudence. Il est vrai que sous l'ancienne législation comme sous la législation actuelle, le droit de saisie appartient à tout créancier ayant un titre exécutoire et que dès lors le premier motif que nous avons donné de cette subrogation semble disparaître. Mais il peut se faire qu'un créancier qui n'a pas de titre exécutoire ait intérêt à payer un créancier muni d'un titre exécutoire afin de faire procéder immédiatement et dans de bonnes conditions à une saisie que l'autre créancier ne voudrait pas pratiquer.

D'ailleurs le second motif que nous avons donné de cette subrogation subsiste : C'est par elle que le créancier qui craint de ne pas venir en ordre utile peut, soit diminuer les frais avec le nombre des créanciers, soit empêcher une vente qui allait être faite dans de mauvaises conditions.

C'est donc à tort que Loyseau a enseigné que la subrogation légale n'avait pas lieu dans le cas qui nous occupe, lequel ne pouvait donner lieu qu'à une subrogation conventionnelle ; il est certain que ce cas de subrogation était admis dans notre ancienne jurisprudence.

Le Code l'a également admis par les mêmes motifs,

et par dérogation à l'art. 1236 suivant lequel le tiers non obligé qui, en payant, agit en son propre nom, ne peut pas forcer le créancier à le subroger. Ici le tiers agit bien en son propre nom et cependant il obtient la subrogation de plein droit.

« Cette subrogation a lieu, dit l'art. 1251, au profit du créancier..... » Donc il faut être créancier pour prétendre à cette subrogation ; un tiers ne le pourrait pas.

Mais suffit-il d'être créancier ? Ne faut-il pas encore avoir intérêt à payer le créancier préférable pour être admis au bénéfice de cette subrogation ? Nous ne le croyons pas.

M. Mourlon professe la doctrine contraire ; il reconnaît toutefois que la question peut être controversée et il expose les arguments qui peuvent être invoqués à l'appui des deux systèmes opposés, mais il se prononce pour le ~~premier~~ second.

Selon lui, si les tribunaux n'ont pas le droit d'accorder la subrogation en l'absence d'un texte à celui qui a payé, ayant intérêt à le faire, ils peuvent du moins refuser le bénéfice de la subrogation même en présence d'un texte ; en effet la présomption qui sert de base à la subrogation, c'est-à-dire l'intérêt pour le créancier qui veut être subrogé, n'est pas une présomption qui n'admette point la preuve contraire (art. 1352). Donc la preuve contraire étant faite, la subrogation doit être refusée.

Nous reconnaissons avec M. Mourlon que la base de la subrogation dont nous nous occupons est bien celle qu'il indique, mais ce que nous n'admettons pas, c'est que cette présomption puisse être combattue, car dans l'art. 1251, § 1, la loi ne tire pas une conséquence d'un fait connu à un fait inconnu, comme elle le fait par exemple dans les cas prévus par les art. 911 et 1282 ; d'un fait unique. le paiement, elle fait dériver un droit : la subrogation. Sans doute elle suppose que le créancier qui paye à un intérêt légitime à le faire, mais elle n'a pas dit que l'acquisition du droit de la subrogation dût être subordonnée à la constatation de cet intérêt ; par conséquent sa présomption est absolue et invincible.

Dans quel arbitraire effrayant nous conduirait d'ailleurs le système de M. Mourlon ? Qui ne voit qu'il serait toujours très-difficile de taxer l'intérêt d'un créancier à obtenir la subrogation, et combien serait peu sûre la position du créancier qui aurait payé un créancier préférable, si on pouvait à un moment quelconque lui intenter un procès pour faire juger qu'il n'avait point intérêt à payer avec subrogation ?

Sans doute notre système présente des inconvénients comme toute présomption, comme tout principe ; sans doute il pourra se faire qu'un créancier postérieur paie un créancier antérieur dans le seul but de nuire au débiteur et de le tourmenter ; mais, outre que cet inconvénient se produira rarement, par ce motif que le créancier postérieur est obligé de faire une avance de fonds, il ne suffirait point pour nous autoriser à faire une distinction qui n'est pas écrite dans la loi.

Dans l'ancien droit, du moins si l'on en croit Renusson, la subrogation dont nous traitons ne pouvait avoir d'effet que contre le débiteur commun et non contre ses coobligés qui n'étaient pas débiteurs communs des deux créanciers. Mais cette doctrine ne peut pas être admise aujourd'hui en présence de l'art. 1252 qui dispose que la subrogation établie par les articles précédents a lieu tant contre les cautions que contre les débiteurs. Donc étant donné un immeuble successivement hypothéqué par ses propriétaires à divers créanciers, tout créancier, qui payera un créancier préférable, obtiendra la subrogation même contre un débiteur qui n'est point son débiteur personnel.

Est-il nécessaire que le créancier qui veut payer soit créancier hypothécaire, ou suffit-il qu'il soit chirographaire ?

La question est controversée, mais en présence des termes formels et dépourvus de toute distinction de l'art. 1251, § 1, cette controverse ne serait pas née, si les traditions antérieures, tant en droit romain que dans l'ancien droit français, ne l'avaient pas rendue possible.

Et d'abord, en droit romain, les créanciers hypothécaires seuls jouissaient du *jus offerendæ pecuniæ*.

Il en était de même dans l'ancien droit, selon Renusson (ch. IV, n°s 15 et 22), qui invoque l'autorité de Dumoulin (De usuris. n°s 176 et 296) et selon Pothier. (Intr. au tit. XX de la Cout. d'Orléans, n° 72.)

Bien qu'on puisse expliquer autrement que comme Renusson le passage de Dumoulin cité par lui, et qu'on puisse lui opposer l'autorité de Basnage (ch. XV, § 354) et de Poullain-Duparc (tome 7, n° 99) qui dit qu'il en était autrement suivant les maximes de Bretagne, il est généralement admis que dans notre ancien droit le créancier chirographaire n'avait pas le droit d'offrir.

Mais ce droit, le Code civil le lui a donné. Prétendre, comme l'a fait M. Grenier, que le créancier chirographaire n'a pas ce droit, c'est se mettre en contradiction avec le texte et l'esprit de la loi. Avec le texte, car l'art. 1251 § 1 ne fait aucune distinction entre les divers ordres de créanciers. Ce qu'il exige, c'est qu'un créancier paye un créancier préférable. Or un créancier hypothécaire est bien et en fait et en droit préférable à un créancier chirographaire, lequel par conséquent doit avoir le droit d'offrir. Avec son esprit, car un créancier chirographaire a au moins le même intérêt qu'un créancier hypothécaire, un intérêt souvent immense à ce que la vente de l'immeuble appartenant à son débiteur ne soit pas une vente intempestive.

Toutes les raisons militent donc en faveur de notre opinion ; nous trouvons là une juste innovation du Code, une disposition formelle que le souvenir de la jurisprudence ancienne ne doit pas faire fléchir.

Nous avons vu en étudiant le *jus offerendæ pecuniæ* en droit romain que le créancier antérieur en jouissait vis-à-vis du créancier postérieur comme le créancier postérieur vis-à-vis de l'antérieur. Il en était de même dans notre ancienne jurisprudenee. Selon Renusson (ch. IV, n° 14) il était juste qu'il y eût au moins réciprocité, en France surtout plus encore qu'en droit romain, puisque dans notre ancienne législation, le créancier le moins important, quel que fût son rang, pouvait, comme aujourd'hui d'ailleurs, faire vendre dans un mauvais moment.

Le Code a encore innové sur ce point. Son texte est trop formel pour qu'on puisse ne pas y voir un rejet complet des traditions et d'autre part *non transeunt actiones nisi in casibus jure expressis*. Il est vrai qu'à défaut de subrogation légale le créancier antérieur pourra presque toujours obtenir la subrogation conventionnelle, soit du créancier postérieur, soit du débiteur; mais malgré cela il est permis de penser, et on pense généralement en effet que cette innovation du Code n'est pas heureuse.

Il faut en dire autant du cas où deux créanciers étant inscrits le même jour, aucun des deux ne peut, malgré l'intérêt qu'il pourrait y avoir, écarter l'autre. Cette solution est regrettable, mais nous sommes liés par le texte: Aucun des deux créanciers n'est préférable à l'autre.

Examinons maintenant quel est le sens de ces mots: « Créancier préférable à raison de ses privilèges ou hypothèques. »

Faut-il dire, comme M. Marcadé, que quoique la loi ne parle que de privilèges et d'hypothèques, il est clair que la règle existe pour tous les cas où le créancier payé avait sur l'autre une cause légale de préférence quelle qu'elle fût (par exemple le gage où l'antichrèse)?

Faut-il dire comme M. Gauthier que ces mots du texte doivent être entendus *lato sensu* et comprendre toute espèce de privilège, c'est-à-dire de droit de préférence?

Nous ne le croyons pas. Selon nous il faut s'en tenir au texte de l'art. 1251 combiné avec l'art. 2094 : « Les causes légitimes de préférence sont les privilèges et hypothèques. » Il n'y en a pas d'autres.

Examinons donc successivement les divers cas qui peuvent donner lieu à difficulté ?

Le vendeur non payé peut-il refuser la subrogation au créancier de l'acheteur qui lui demande à être subrogé à son action en résolution ?

Avec la Cour de Cassation (3 juillet 1854) nous répondons qu'il le peut ; car d'une part la subrogation légale est de droit étroit, et d'autre part le vendeur qui n'exerce ni privilège ni hypothèque, mais demande la résolution du contrat ne peut pas être considéré comme un créancier, mais, comme un propriétaire. Or on ne peut être légalement subrogé à un droit de propriété et c'est ce que demande le créancier de l'acheteur dans notre espèce.

Il faut considérer ensuite que la subrogation légale de l'article 1251 § 1 a pour but d'empêcher les abus qu'un créancier pourrait faire d'un droit de préférence ; or ce dont le vendeur veut user, ce n'est pas un droit de préférence, c'est un droit de résolution.

Il en serait autrement si le vendeur ne croyait pas avoir intérêt à demander la résolution et s'il exerçait seulement son privilège. Dans ce cas il serait à proprement parler un créancier préférable et dès lors susceptible d'être écarté par un autre créancier qui, en le payant, succèderait même à l'action résolutoire.

Le créancier qui a un droit de rétention ne peut pas

être considéré comme un créancier préférable ; d'ailleurs son gage disparaissant quand il fait vendre la chose, il n'est pas à craindre qu'il le fasse à la légère. Par conséquent il n'y avait nul besoin contre lui de la subrogation légale.

Quid du gage ? Le gage est certainement un privilège ; par conséquent nous sommes dans le texte. Donc la subrogation légale s'opère au profit du créancier qui solde un autre créancier nanti d'un gage, et ce gage devra être remis au subrogé, conformément à l'article 2076.

« Cette solution, disent MM. Aubry et Rau, ne donne lieu à aucune difficulté lorsque le gage se trouvant entre les mains d'un tiers convenu entre les parties, il ne devient pas nécessaire de le déplacer ; mais il en serait autrement s'il avait été remis au créancier lui-même ; il semble que dans cette hypothèse le gage ne pourrait être livré par ce dernier au subrogé que du consentement du débiteur. »

La même question s'élève à propos de l'antichrèse. Le créancier antichrésiste peut-il être écarté par un autre qui acquiert la subrogation légale ?

Nous ne le pensons pas, car selon nous l'antichrèse ne constitue pas un privilège. Sans doute elle constitue en fait un privilège puisqu'elle donne une préférence sur les fruits, mais elle ne constitue pas un privilège dans le sens de la loi ; c'est ce qui ressort clairement des art. 2091 et 2103.

Le créancier antichrésiste n'a aucun droit de préférence sur le prix de l'immeuble, donc il n'est pas à craindre qu'il le fasse vendre mal; son intérêt est le même que celui des autres créanciers. Sans doute s'il est négligent, s'il laisse dépérir la chose, les autres créanciers auraient intérêt à l'écarter, mais ce cas se présentera rarement. Et d'ailleurs alors même que l'intérêt des créanciers à écarter un antichrésiste serait très-grand et très-pratique, nous ne le leur permettrions pas, parce que en raisonnant ainsi *a pari* ou *a fortiori*, on arrive à créer arbitrairement des subrogations que la loi n'a pas admises. Sans doute on aurait pu accorder la subrogation légale à celui qui aurait écarté un créancier antichrésiste ; peut-être aurait-on eu raison de le faire ; mais on ne l'a pas fait ; c'est du moins ce que nous considérons comme certain.

Continuons maintenant l'explication de notre art. 1251 § 1er.

Il faut que le créancier qui réclame le subrogation ait payé lui-même de ses deniers. Ce paiement est la condition à laquelle l'art. 1251 § 1 subordonne cette subrogation.

Ainsi, un débiteur a délégué des fermages qui lui sont dus à un de ses créanciers ; le fermier emploie une partie du prix de ses fermages à payer l'impôt; le créancier délégataire ne peut pas se prétendre subrogé au privilège du Trésor par ce motif que c'est lui qui, en définitive, a payé le Trésor. Ce motif serait erroné, car ce n'est pas l'argent du délégataire qui a servi à payer l'impôt, mais bien l'argent du délégant, lequel n'est cédant que du revenu réel, c'est-à-dire du revenu, déduction faite de l'impôt, du revenu qu'il aurait perçu lui-même.

C'est ce que la Cour de cassation a jugé le 15 juin 1820 (Moissonnier c/ veuve Descorailles).

Mais peu importerait que le créancier eût pour payer emprunté des deniers à un tiers, et en eût même déclaré l'origine dans la quittance. Sans doute le tiers prêteur de fonds n'acquerrait point par ce fait la subrogation conventionnelle, mais l'emprunteur n'en aurait pas moins droit à la subrogation légale, puisqu'il paierait un créancier préférable avec des deniers devenus siens par suite de l'emprunt.

Nous disons que le paiement doit être effectué avec des fonds appartenant au créancier. Par conséquent, ainsi que le dit M. Gauthier, « il ne suffit pas pour que le créancier d'un rang inférieur soit subrogé aux droits du créancier qui le prime, qu'il ait supporté les conséquences du paiement fait au créancier préférable, comme dans le cas où celui-ci, en vertu d'une hypothèque générale sur les biens du débiteur commun, s'est fait colloquer sur celui des immeubles grevés de son hypothèque qui est spécialement affecté au créancier d'une date postérieure. »

C'est, il faut le reconnaître, un très-grand inconvénient, car il peut arriver que le créancier à hypothèque spéciale ne puisse pas faire une avance de fonds suffisante pour écarter le créancier à hypothèque générale et être subrogé à ses droits, de sorte qu'il sera en perte, tandis qu'un autre créancier à hypothèque spéciale sur un autre immeuble épargné par le créancier à hypothèque générale sera payé, quoiqu'ayant peut-être contracté avec un débiteur moins solvable.

Il n'en serait pas ainsi si la subrogation légale était

accordée au créancier à hypothèque spéciale qui a souffert de la collocation, pour lui permettre de reprendre sur les autres immeubles affectés à l'hypothèque générale la somme qui lui a été enlevée, de façon que l'ordre des dates fût observé entre les divers créanciers dont les derniers inscrits seraient en perte. Mais selon nous, cette subrogation légale n'existe pas.

Selon M. Tarrible (Répertoire de Merlin, Transcription § 6, n° 5) les motifs d'équité, que l'on peut invoquer en faveur de la subrogation légale dans l'espèce qui nous occupe, sont suffisants pour la faire admettre, et « le créancier ayant hypothèque spéciale sur l'immeuble vendu le premier, pourra exercer les droits de l'hypothèque générale sur les autres immeubles jusqu'à concurrence de la part contributive que chaque immeuble aurait dû supporter dans la dette selon cette proportion. »

A l'appui de sa thèse, M. Tarrible argumente encore par analogie des art. 553 et 554 du Code de commerce qui permettent à la masse chirographaire de reprendre dans la collocation immobilière des hypothécaires ce que ceux-ci ont reçu dans la distribution du mobilier. Enfin il prétend que dans le cas qui nous occupe la position est absolument la même que celle qui est réglée par l'art. 1251 § 1 : que le créancier postérieur paie le créancier préférable avec ses propres deniers ou que le créancier préférable soit payé aux dépens du créancier postérieur, qu'importe et où est la différence? Donc le même motif existant pour les deux cas, ces deux cas doivent être assimilés.

Cela serait vrai si l'on pouvait en cette matière raisonner par analogie ou faire prévaloir des considérations d'équité sur les principes de la subrogation légale. Nous avons déjà dit que cette subrogation était de droit étroit, et d'ailleurs, dans l'état actuel de notre législation, une difficulté de fait s'oppose à la subrogation légale dans notre espèce : c'est que le créancier à hypothèque générale, en recevant son paiement, aura presque toujours donné mainlevée, ce qui aura rendu la subrogation impossible au profit de l'hypothécaire spécial.

Nous terminerons comme nous avons commencé en regrettant que le législateur n'ait point introduit, pour le cas que nous venons d'exposer, une nouvelle subrogation légale, et qu'il n'ait point été donné suite à la proposition adoptée par l'Assemblée législative, le 17 décembre 1851, conformément au vœu de la plupart des Cours d'appel et des Facultés de Droit, et ainsi conçue :

« Le créancier ayant hypothèque sur plusieurs im- » meubles ne peut, à peine de dommages-intérêts, soit » renoncer à son hypothèque sur un de ces immeubles » postérieurement à la saisie par lui pratiquée ou à la » sommation à lui faite de prendre communication du » cahier des charges, soit s'abstenir volontairement » de produire à l'ordre ouvert sur le prix de l'un des- » dits immeubles, si cette renonciation ou cette abs- » tention ont pour but et pour résultat de favoriser un » créancier au détriment d'un autre créancier plus an- » ciennement inscrit. — Le créancier hypothécaire, qui » aura été primé dans un ordre par un créancier ayant » une hypothèque sur plusieurs immeubles, sera de

» plein droit subrogé à cette hypothèque, mais seule-
» ment à la date de l'inscription par lui prise pour la
» garantie de sa créance, et jusqu'à concurrence d'une
» somme qui ne pourra dépasser le montant de la
» créance de celui à l'hypothèque duquel il est su-
» brogé. »

Pour que la subrogation légale puisse être acquise, il faut que le créancier postérieur offre au créancier préférable tout ce qui lui est dû en capital et intérêts, car le créancier ne peut pas être contraint de recevoir un paiement partiel.

Mais si le créancier consent à recevoir ce paiement partiel, le créancier postérieur aura-t-il le bénéfice de la subrogation légale ?

Voici quelle est sur ce point l'opinion de Mourlon : Il n'y a pas lieu à la subrogation légale, parce que le créancier qui a payé n'a pas rempli le but de la subrogation, qui est de conserver une créance en péril; d'une part il n'a pas écarté de créancier, d'autre part il n'a pas agi pour diminuer les frais. Mais s'il avait rempli le but de la subrogation, si réellement il s'était trouvé dans la nécessité de faire au créancier un paiement partiel pour éviter des poursuites intempestives de sa part, les juges pourraient alors, avec un pouvoir d'appréciation très-étendu, décider que la subrogation lui appartient, s'il leur paraît la mériter, ou qu'il n'y a pas droit, s'il leur paraît n'avoir fait qu'une pure spéculation.

Nous ne nous rallierons pas à cette opinion, parce qu'il nous semble que, étant admis que le créancier postérieur peut avoir un intérêt quelconque à faire un paiement partiel, il n'y a pas de raison pour ne pas dire que la subrogation légale devra toujours en résulter, quand le créancier préférable aura consenti à recevoir ce paiement partiel. Le texte de l'art. 1251, § 1, ne répugne pas d'ailleurs à cette interprétation, car dans tous les autres cas de subrogation prévus par l'art. 1250 et l'art. 1251, le paiement peut être partiel ainsi qu'il résulte clairement des termes de l'art. 1252 et rien n'indique qu'il doive en être différemment du cas de subrogation légale dont nous parlons.

Le paiement, pour produire la subrogation, doit être effectué par le créancier postérieur lui-même; c'est la quittance qui fait foi de ce paiement, mais les énonciations de cette quittance peuvent être contrôlées par toutes les personnes intéressées, alors même que la quittance est authentique; (art. 1165 et 1319) les tiers peuvent faire la preuve contraire par toute sorte de moyens, sans avoir besoin de s'inscrire en faux.

Si le créancier préférable auquel on offre paiement refusait de le recevoir, le créancier qui veut payer arriverait au même résultat en lui faisant des offres réelles suivies de consignation.

Il nous reste à étudier sur ce chef de subrogation légale diverses questions qui ont donné et donnent encore lieu à difficulté.

Supposons deux créanciers inscrits sur un immeuble, dont l'un, Primus, pour deux créances, l'une venant au premier rang et l'autre au troisième rang, c'est-à-dire après celle de l'autre créancier, Secundus.

Secundus peut-il obtenir la subrogation en ne payant

à Primus que sa première créance, ou au contraire sera-t-il forcé de lui payer ses deux créances, celle qui le prime et celle qu'il prime.

Autre hypothèse qui doit être résolue de la même manière : Trois créanciers étant inscrits successivement sur un même immeuble, et le troisième ayant payé le premier avec subrogation, le second créancier qui veut l'écarter doit-il lui payer les deux créances, ou seulement la première, celle qu'il a acquise par l'effet de la subrogation ?

La réponse à la question soulevée par cette double hypothèse a fait, comme nous l'avons dit, difficulté.

M. Mourlon s'est prononcé en faveur de l'opinion qui consiste à dire que le paiement d'une seule des deux créances, c'est-à-dire de la créance originairement préférable, suffit. Ce système s'appuie sur l'autorité du droit romain, dans lequel la loi 20, Qui potior. D, semble décider la question en ce sens ; sur le texte de l'art. 1251 qui est, dit-on, formel, et enfin sur la difficulté, quelquefois même sur l'impossibilité de l'exercice de la subrogation dans le système contraire, lequel force le second créancier à faire une grande avance de fonds.

C'est cependant ce dernier système que nous adoptons parce que nous le croyons conforme aux idées qui ont inspiré le législateur dans les articles relatifs à la subrogation. Nous dirons donc que le second créancier devra rembourser, soit au premier ses deux créances (première et troisième), soit au troisième créancier, devenu le premier dans la seconde hypothèse, et la créance qu'il avait de son chef et celle qu'il a acquise par la subrogation.

Qu'arriverait-il en effet si le second créancier pouvait ne rembourser au premier que sa première créance ? C'est que le premier créancier devenu le troisième pourrait immédiatement contrepasser les mêmes offres au créancier qui l'aurait payé ; celui-ci recommencerait à son tour et on tomberait dans un circuit d'actions que la loi n'a évidemment pas pu vouloir consacrer.

En ce qui concerne l'argument tiré de la loi romaine, nous ne pouvons que nous reporter à ce que nous avons dit à ce sujet en traitant du *jus offerendi* en droit romain. On ne peut pas voir dans le texte de Tryphoninus un argument décisif et clair en faveur du premier système. Ce premier système serait enfin contraire à l'esprit de la subrogation qui ne doit pas nuire au subrogeant ; en réalité, le subrogé nuirait au subrogeant s'il pouvait ne lui payer que la première de ses créances ; il prendrait sa position et ce serait le premier créancier qui aurait en définitive le moins de droits.

Quid si le créancier a consenti à recevoir le paiement de la créance première en date seulement ? Peut-il revenir et la payer à son tour avec subrogation au second créancier qui l'a acquise par subrogation ? Non, il ne le peut pas et il doit supporter les conséquences de sa négligence ; il devra payer les deux créances de son subrogé, c'est-à-dire son ancienne créance acquise par subrogation et la créance personnelle de son cocréancier.

Supposons maintenant que les deux créances de Primus, au lieu d'être séparées l'une de l'autre quant à leur date par une créance de Secundus, se trouvent placées l'une après l'autre, et antérieures à celle de Secundus. Si Secundus ne veut payer avec subrogation que la dernière, ce qu'il peut avoir intérêt à faire, il le peut, car d'un côté il n'y a pas de circuit d'actions possible et d'un autre côté il ne nuit pas au subrogeant.

Faudrait-il répondre de la même manière dans le cas où deux créances distinctes existent sur deux immeubles différents au profit de chacun des deux créanciers, comme dans l'espèce suivante :

Primus a le premier rang pour une créance sur l'immeuble A.

Secundus le second rang pour une créance sur l'immeuble A.

Puis Secundus encore le premier rang pour une autre créance sur l'immeuble B.

Et enfin Primus le second rang pour une autre créance sur l'immeuble B.

Primus peut-il payer Secundus qui lui est préférable sur l'immeuble B sans le payer de sa créance postérieure sur l'immeuble A ?

C'est l'espèce jugée par l'arrêt de la Cour de cassation du 21 décembre 1836, qu'on a bien à tort invoqué à l'appui de la théorie qui consiste à dire que le remboursement de la première créance suffit dans les deux premiers cas étudiés précédemment.

Beaucoup d'auteurs, et notamment M. Demolombe, pensent que Primus peut ne rembourser Secundus que de sa créance sur l'immeuble B qui est préférable à la sienne. Ici, disent-ils, il n'y a pas de circuit d'actions possibles, car le gage est différent.

Cela est vrai quand les immeubles sont dans les

mains d'un tiers-détenteur ; alors pas de circuit d'actions possible ; mais si les deux immeubles sont restés entre les mains du débiteur, il en sera autrement et il y aura circuit d'actions possible, car Secundus aura conservé le droit d'offrir, puisque un créancier même purement chirographaire peut payer avec subrogation un créancier hypothécaire, quand ils ont pour gage tous les deux un immeuble commun. Donc les deux créances de Secundus devront dans ce cas être payées.

Mais bien entendu si chacun des deux créanciers n'a qu'une créance inscrite sur deux immeubles, et que le paiement fait par l'un des deux à l'autre doive avoir pour effet de l'écarter entièrement du patrimoine du débiteur, tous les deux seront sur le même pied, et la subrogation légale appartiendra à celui qui le premier aura payé l'autre.

Abordons maintenant l'étude de l'une des questions les plus importantes du droit civil, savoir le concours des hypothèques générales et des hypothèques spéciales. Beaucoup d'inconvénients résultent dans ce cas de l'indivisibilité de l'hypothèque, et la subrogation légale est le remède à ces inconvénients, mais non sans beaucoup de difficultés comme on va voir.

Supposons Primus ayant une hypothèque générale au premier rang pour cent mille francs sur les immeubles A et B en 1878 ; puis Secundus ayant une hypothèque spéciale sur A pour cent mille francs en 1879 ; puis Tertius ayant également une hypothèque spéciale pour cent mille francs sur le fonds B en 1880.

Les deux immeubles ne valent ensemble que deux cent mille francs ; il est certain que le créancier à hypothèque générale sera payé, mais quel est celui des créanciers spéciaux qui ne le sera pas ?

Avant de répondre à cette question, posons un principe qui ne fait plus de doute, c'est que le créancier, ayant hypothèque générale sur plusieurs immeubles, a le droit de choisir celui qu'il veut pour se payer ; rien ne le force à exproprier l'un plutôt que l'autre ; il tient donc en quelque sorte dans sa main le sort des deux créanciers à hypothèque spéciale, et sans la subrogation, pourrait tirer de cette situation un parti très-avantageux en faisant payer cher son inaction par le créancier qu'il épargnerait. Si donc ni l'un ni l'autre des deux créanciers spéciaux ne paie avec subrogation, c'est le hasard qui décidera. Sans doute s'il y a fraude, cette fraude pourra être déjouée, mais en dehors de toute fraude, il faut bien accorder au créancier à hypothèque générale le droit d'option qui est un droit légitime.

Mais si, au contraire, les deux créanciers à hypothèque spéciale s'émeuvent et veulent payer avec subrogation, qu'arrivera-t-il ?

Sur ce point quatre systèmes se sont formés.

PREMIER SYSTÈME.

La subrogation est impossible : ni Secundus, ni Tertius ne peuvent, en payant avec subrogation, succéder à l'hypothèque générale de Primus à l'encontre l'un de l'autre.

En effet les deux créanciers ont un droit égal à la subrogation, ils ont le même intérêt et il ne faut pas que cette subrogation soit le prix de la course.

Ce système est inadmissible, d'abord parce qu'il supprime l'article 1251 § 1, ensuite parce qu'il consacre un résultat absurde et inique ; toute subrogation étant impossible, tout dépendra de la volonté du créancier à hypothèque générale qui se vendra au plus offrant des deux créanciers à hypothèque spéciale.

DEUXIÈME SYSTÈME.

Oui, Secundus et Tertius ont un droit égal, un même intérêt; donc pas de subrogation au profit de l'un contre l'autre, et cela par une autre raison encore, c'est que si Secundus, par exemple, obtenait la subrogation contre Tertius sur B, devenant par là même préférable à Tertius sur B, il pourrait être écarté par lui sur l'immeuble A. D'où un circuit d'actions rendant la subrogation impossible au profit de l'un contre l'autre. Si en fait l'un des deux créanciers a payé avec subrogation, on fera une répartition de façon que la charge de l'hypothèque générale soit répartie entre les créanciers à hypothèque spéciale dans la proportion de la valeur des immeubles affectés à chacun d'eux.

Ce système de répartition, proposé par M. Mourlon, est très-ingénieux et paraît être équitable. Si nous ne l'admettons point, c'est qu'il nous paraît arbitraire, c'est un système législatif. Pour le fonder, il faudrait prouver que la subrogation accordée à l'un des hypothécaires spéciaux amènera un circuit d'actions, que, pour suivre notre espèce, Secundus étant devenu par la subrogation préférable à Tertius sur B, pourra être écarté de A par Tertius qui lui rembourserait la créance à hypothèque générale. Or, cette preuve n'est pas faite ; au contraire nous avons expliqué plus haut comment il se fait que un créancier ayant deux hypothèques sur un même immeuble ne peut être écarté de la première qu'autant qu'on lui paie sa deuxième créance ; c'est ce qui se produit ici : Secundus, après avoir payé Primus, hypothécaire général, a sur A deux créances, savoir celle de Primus et la sienne propre ; pour que Tertius puisse lui rembourser celle de Primus, il lui faut rembourser celle qui appartenait en propre à Secundus, ce qui terminerait tout le différend. Donc le système de Mourlon n'est point fondé, l'une de ses prémisses étant erronée.

TROISIÈME SYSTÈME.

Il faut voir la date des hypothèques ; le seul des créanciers spéciaux qui pourra se faire subroger sera celui dont l'hypothèque sera la plus ancienne. Ainsi dans notre espèce Secundus pourra être subrogé à Primus à l'encontre de Tertius, mais Tertius ne pourra pas l'être à l'encontre de Secundus.

Ce système, qui est celui de Troplong et de MM. Aubry et Rau, se fonde sur cette considération que, permettre le paiement avec subrogation au créancier dernier en date, ce serait rendre illusoires les garanties sur lesquelles les parties ont dû compter en contractant, et favoriser un créancier (Tertius) dont la créance est née alors que le débiteur était déjà insolvable, contre un créancier (Secundus) qui a contracté avec un débiteur encore solvable.

On argumente encore par analogie de l'art. 930, d'après lequel l'action en réduction des donations doit être exercée suivant l'ordre des dates en commençant par les plus récentes.

Ce système est encore arbitraire ; d'une part il ne tient aucun compte de l'art. 1251 § 1. Car il n'accorde la subrogation qu'à Secundus; or, oui ou non, Primus est-il un créancier préférable à Tertius? Evidemment oui : donc au terme de l'article précité Tertius doit avoir le droit de payer Primus avec subrogation.

D'autre part il veut tenir compte de l'ordre des dates entre Secundus et Tertius ; mais cet ordre, ce rang n'existent pas, car Secundus et Tertius ne sont pas inscrits sur le même immeuble, donc l'un n'est pas antérieur à l'autre.

Quant à l'argument tiré de l'art. 930, nous ne le croyons pas puissant, car il faudrait établir que l'analogie est permise en notre matière.

Enfin on dit que Secundus doit être préféré à Tertius parce que en fait il est devenu créancier avant Tertius, bien que sur un autre immeuble. Mais de quoi peut se plaindre Secundus? N'a-t-il pas commis une grande imprudence en ne prenant inscription que sur A, alors qu'une hypothèque générale frappait sur A et B. Il savait ou il devait savoir que Primus hypothécaire général pourrait exercer à son choix des poursuites sur A ou sur B, et que par conséquent lui Secundus pourrait être sacrifié ; il s'est contenté d'une hypothèque sur A, qu'il supporte donc la peine de sa négligence.

Ce système de MM. Aubry et Rau est d'autant plus inadmissible que ces auteurs reconnaissent que si Primus hypothécaire général avait sur B une seconde créance à hypothèque spéciale, il serait parfaitement libre de n'exercer son hypothèque générale que sur A au détriment de Secundus, afin de protéger sa créance sur B, ce qui est inconciliable avec leur système que nous venons d'exposer.

QUATRIÈME SYSTÈME.

Il résulte de ce qui précède que le droit à la subrogation appartenant aux deux créanciers spéciaux, ce sera celui des deux qui payera le premier qui sera subrogé. *Jura vigilantibus succurrunt.* Si tous les deux se présentent en même temps devant le créancier pour le payer et se faire subroger, la subrogation sera proportionnelle, la logique commande cette solution.

Quant aux effets de cette subrogation, ce sont les effets généraux de toute subrogation ; c'est ainsi que le subrogé acquiert tous les droits du créancier préférable, même une hypothèque grevant un immeuble sur lequel lui, subrogé, n'avait pas d'hypothèque.

Quant aux frais de la quittance qui constate le paiement avec subrogation, ils sont à la charge du créancier qui paye, car le débiteur n'y est pour rien ; si la créance payée ne produisait point d'intérêts, le subrogé ne pourrait pas en réclamer du débiteur, par cette raison qu'il a fait sa propre affaire. *Non negotium alterius gessit sed magis suum.*

DEUXIÈME CAS.

De la subrogation légale au profit de l'acquéreur d'un immeuble qui emploie le prix de son acquisition au paiement des créanciers auxquels cet héritage était hypothéqué.

Sur ce chef de subrogation deux questions se posent tout d'abord à l'esprit?

Comment peut-il se faire que l'acquéreur soit subrogé à une hypothèque inscrite sur son propre immeuble, et quel intérêt peut-il avoir à cette subrogation? Répondons à cette double question.

En effet, comme on se le dit à première vue, le paiemen fait par l'acquéreur n'est pas un paiement fait pour un autre, puisque l'acquéreur qui paye les créanciers hypothécaires ne fait que s'acquitter d'une obligation.

En effet, par la subrogation l'acquéreur aura une hypothèque sur son propre immeuble, ce qui semble contraire au principe *Nemini res sua pignori esse potest*, et inutile, puisque l'acquéreur n'aura pas de recours à exercer ;

cette hypothèque d'ailleurs n'existe plus, elle est éteinte par confusion.

Il n'y aurait rien à répondre à ces objections si le titre d'acquisition était toujours définitif et irrévocable ; mais il n'en est pas toujours ainsi ; car si l'acquéreur n'a pas payé tous les créanciers hypothécaires, d'autres créanciers peuvent l'exproprier et le déposséder ; si donc la subrogation n'existait pas à son profit, quelle serait sa situation ? Il perdrait et l'immeuble et la somme payée aux créanciers qu'il aurait désintéressés, car il faut bien supposer le vendeur insolvable. Voilà son intérêt, très-grand, comme on le voit.

Voici maintenant comment cette subrogation s'explique en droit : Le droit de l'acquéreur étant résolu, l'acquéreur est réputé n'avoir jamais été débiteur du prix qu'il a payé, ce qui lui donne un recours à exercer contre son vendeur, et n'avoir jamais été propriétaire de l'immeuble, ce qui lui a permis d'avoir sur lui des hypothèques.

L'utilité de ce cas de subrogation est donc subordonnée à la condition d'une éviction ; mais en fait elle a encore un autre effet, c'est d'empêcher les créanciers derniers en date d'inquiéter l'acquéreur et de poursuivre l'adjudication de l'immeuble quand cet immeuble n'a pas une valeur supérieure au prix d'acquisition, prix versé par l'acquéreur aux créanciers premiers inscrits.

Cette subrogation permet à l'acquéreur de conserver son immeuble sans recourir à la purge, autre moyen qui lui est offert d'arriver à la radiation des inscriptions qui grèvent son immeuble, moyen périlleux, car l'acquéreur est obligé de payer immédiatement tous les créanciers sans distinction, et il s'expose de lui-même à une surenchère imminente s'il a fait un bon marché.

Sans doute s'il ne purge point et qu'il se laisse exproprier, il pourra se faire qu'il ait payé à un créancier une somme supérieure au prix d'adjudication, ce qui, malgré la subrogation, le constituera toujours en perte de la différence, car il faut toujours supposer le vendeur insolvable. Mais ce cas sera plus rare. Il y a donc intérêt pour l'acquéreur à pouvoir payer avec subrogation et on a eu d'autant plus raison de le lui permettre que le caractère d'équité de cette subrogation est manifeste ; nous avons vu que sans elle l'acquéreur pourrait être en perte, et d'ailleurs il est indifférent aux créanciers postérieurs que la créance qui les prime reste au créancier, ou passe entre les mains de l'acquéreur.

Observons que ce cas de subrogation fait double emploi avec le troisième que nous étudierons plus tard, lequel est établi au profit du tiers-détenteur ; le Code a ainsi voulu trancher les difficultés que la tradition pouvait faire naître sur ce point.

Cette subrogation, qui nous vient du droit romain, existait certainement dans notre ancien droit français, mais elle y donnait lieu, comme dans le droit romain, à une controverse sur la question de savoir si elle avait lieu de plein droit ou si elle avait besoin d'être requise. Nous avons examiné cette question en droit romain.

Aujourd'hui cette controverse a cessé puisque l'art. 1251, § 2, a rendu tout doute impossible sur ce point.

Examinons d'abord au profit de qui a lieu cette subrogation.

« Au profit de l'acquéreur... » dit l'art 1251. Donc il n'y aurait pas de subrogation légale au profit de celui qui, n'étant pas encore acquéreur, payerait des créanciers hypothécaires inscrits sur l'immeuble, pas plus qu'il n'y en aurait au profit de celui qui les payerait après avoir été évincé pour une cause quelconque. Et cette doctrine se concilie parfaitement avec celle de la Cour de cassation qui a décidé que l'acquéreur d'un immeuble hypothéqué est légalement subrogé dans les droits des créanciers hypothécaires qu'il a payés, alors même qu'il ne les aurait payés qu'après avoir revendu l'immeuble et sur le prix de la revente déposé par le sous-acquéreur à la caisse des consignations (29 août 1865.) La revente est en effet très-différente de l'éviction.

Il faut donc qu'il y ait acquisition, ce qui permet à tout intéressé de prouver par tous les moyens possibles qu'il n'y a pas véritablement acquisition. Cela est d'évidence, mais il ne faudrait pas pour cela interpréter dans un sens étroit les mots « acquéreur, prix d'acquisition » de l'art. 1251, § 2. Par suite celui qui a acquis de bonne foi *a non domino*, et qui a payé les créanciers hypothécaires inscrits du chef du véritable propriétaire, est subrogé à leurs droits, bien qu'il ne soit pas, à proprement parler, un véritable acquéreur. Mais si l'acquéreur dont la vente a été déclarée nulle était de mauvaise foi, s'il savait qu'il achetait *a non domino*, il ne sera pas subrogé.

L'art. 1251, § 2 ne parle que de l'acquéreur d'un immeuble, et les subrogations étant de droit étroit, cet article ne peut être étendu aux meubles, c'est-à-dire exister au profit de celui qui ayant acquis des meubles, voudrait, en payant leur prix, être subrogé au privilège d'un créancier sur ces meubles ; mais le mot « immeuble » doit être entendu dans un sens large ; il comprend à la fois tous les immeubles corporels et incorporels. Ainsi seront subrogés les acquéreurs d'un droit de nue-propriété, d'usufruit et de certains droits d'une nature spéciale, par exemple celui d'extraire à perpétuité la matière propre à la fabrication de la porcelaine. (Cass. 28 décembre 1853.) DP, 54, 1, 10.

Que décider de l'acquéreur d'un droit d'usage, d'un droit d'habitation, d'une servitude ? On a prétendu que cet acquéreur n'avait pas le droit de payer avec subrogation, par ce motif que les droits d'usage, d'habitation, de servitude, ne peuvent pas être hypothéqués directement. (Art. 2204). Cette solution qui est juridique, il faut l'avouer, nous paraît trop rigoureuse, car s'il est vrai que le créancier hypothécaire ne peut pas faire saisir et vendre directement ces droits qui ne sont pas susceptibles d'expropriation forcée, il a toujours le droit de faire saisir et vendre l'immeuble nonobstant ces droits ; donc les acquéreurs de ces droits sont dans ce cas tenus pour d'autres, et l'on peut du moins invoquer en leur faveur le § 3 de l'art. 1251, payer le créancier étant pour eux le seul moyen de conserver l'objet de leur acquisition.

L'acquéreur qui ne paye aux créanciers inscrits qu'une partie de son prix sera évidemment subrogé pour cette somme, car d'une part, il se peut que le prix total d'acquisition ne soit pas absorbé par les hypothèques, et alors même qu'il en est ainsi, il faut bien que l'acquéreur commence par payer un créancier hypothécaire avant les autres.

L'acquéreur qui au contraire emploie plus que son prix au paiement des créanciers inscrits est subrogé *a fortiori;* il est vrai que l'art. 1251, § 2 ne parle que du prix d'acquisition, mais tous les auteurs conviennent que c'est là une mauvaise rédaction. D'ailleurs, ce qui léve toute difficulté en fait, c'est que l'acquéreur est un tiers-détenteur qui a intérêt à payer, et qui par conséquent a droit à la subrogation du § 3 du même art. 1251.

Nous croyons que les mots du texte « auxquels cet héritage était hypothéqué » doivent être interprétés dans un sens étroit, mais bien entendu, il faut y comprendre les privilèges.

Le créancier hypothécaire qui acquiert l'immeuble qui lui est hypothéqué est subrogé à lui-même, comme il le serait à un autre créancier par le payement ; son hypothèque subsiste en sa faveur contre les créanciers postérieurs, et on ne saurait prétendre que l'acquisition a produit une confusion et par là même éteint l'hypothèque. La bizarrerie de ce résultat n'est qu'apparente. En effet, comme le dit fort bien Pothier « Pour que l'acquisition que fait le créancier de la chose hypothéquée opère une extinction absolue de son droit d'hypothèque, sans espérance que ce droit puisse revivre, il faut que l'acquisition qu'il en a faite soit irrévocable. » (Traité de l'hypothèque, ch. III, § 2.)

Tant que la vente n'est pas irrévocable, le droit d'hypothèque ne fait en quelque sorte que sommeiller pour se réveiller, encore suivant l'expression de Pothier, dès l'instant de la révocation de l'acquisition. *Magis sopita quam extincta hypotheca confusione.* D'où le brocard « *non a morte sed a somno resurgit.* »

Donc dans le cas de dépossession, de délaissement ou d'adjudication faite sur l'acquéreur (art. 2177) et en général lorsque son titre est anéanti par une condition résolutoire, son hypothèque renaît avec sa créance, à moins qu'un acte exprès, volontaire, ne soit intervenu qui éteigne l'hypothèque indépendamment de la confusion.

Il en résulte que le créancier acquéreur n'est pas dispensé de renouveler son inscription ; du reste cette règle est applicable à tout subrogé en général.

Mais le créancier acquéreur peut-il choisir pour payer avec subrogation celle des deux qualités qui lui convient le mieux, et prétendre payer en qualité de créancier (1251, § 1), plutôt qu'en qualité d'acquéreur (1251, § 2.)

Nous croyons que l'affirmative admise par la Cour de Cassation (7 nov. 1854, DP, 54, 1, 409), cassant un arrêt de la Cour de Rouen, est bien fondée.

Cette subrogation du § 2 de l'art. 1251 est subordonnée au paiement « des créanciers auxquels l'héritage était hypothéqué. » Comment faut-il entendre ces mots? Si un créancier a pour la moitié de sa créance hypothèque sur l'immeuble vendu, et hypothèque pour l'autre moitié sur un autre immeuble resté en la possession du débiteur ou même vendu également, l'acquéreur qui voudra être subrogé devra-t-il payer la totalité de la créance? Non évidemment; lui acquéreur n'a à s'inquiéter que des inscriptions qui grèvent son immeuble et son immeuble n'est grevé que pour la moitié de la créance, il n'aura donc à payer que cette moitié, la seule créance dont il soit tenu, et qu'il peut payer en sa qualité d'acquéreur, bien que le créancier ne puisse pas être contraint de recevoir du débiteur un paiement partiel.

Par paiement, apte à procurer à l'acquéreur le bénéfice de la subrogation, il faut entendre un payement réel; il ne suffirait pas que l'acquéreur eût pris envers un créancier hypothécaire l'engagement personnel de payer sa créance dans un délai convenu. D'ailleurs, pourvu que le paiement ait été effectué par le créancier avec des deniers à lui propres ou devenus siens par suite d'un prêt, il n'y a pas lieu de distinguer si le paiement a été volontaire ou sur poursuites.

Du reste rien n'oblige l'acquéreur à payer en personne; il peut payer par un mandataire, le notaire par exemple, et ce mandataire peut être le vendeur, pourvu que, ainsi que le disent MM. Aubry et Rau, il soit bien établi que le vendeur a reçu les fonds non en cette qualité, mais comme simple mandataire de l'acquéreur. Ainsi la clause par laquelle le vendeur reçoit le prix à la charge de l'employer à l'acquittement des créances inscrites sur l'immeuble suffit pour opérer la subrogation. (Colmar, 17 décembre 1825.) De même il y a subrogation légale au profit de l'acquéreur, lorsque la quittance à lui donnée par son vendeur et celles reçues par ce dernier des créanciers inscrits établissent par leur corrélation et leur simultanéité que le prix payé d'abord à ce vendeur a été immédiatement versé par lui entre les mains de ses créanciers, surtout quand ce mode de paiement et cet emploi se trouvaient prescrits d'avance par le cahier des charges. (Cass. 11 août 1852, DP, 54, 1, 318).

La subrogation a-t-elle lieu également quand c'est en vertu d'une clause du contrat d'acquisition que l'acquéreur paye les créanciers inscrits ?

Oui certainement, car ce n'est pas parce que l'acquéreur était par son contrat plus strictement tenu de payer les créanciers que s'il n'y eût pas eu de clause particulière, qu'il faut le priver de la subrogation légale. Il avait droit à cette subrogation dans notre ancienne jurisprudence, comme l'attestent Renusson (ch. v, n°s 3 et 5), Pothier (Int. au tit. xx de la Cout. d'Orléans, n° 73), Poullain-Duparc et Basnage (1re part. ch. xv.)

La subrogation de l'art. 1251, § 2, n'est soumise à l'accomplissement d'aucune formalité particulière, il suffit que l'acquéreur justifie du payement aux créanciers inscrits. Ainsi lorsqu'un créancier a donné quittance à l'acquéreur, la mainlevée de son inscription donnée par ce créancier n'est pas opposable à l'acquéreur (Bordeaux, 30 août 1854, DP, 55, 5, 424). La quittance peut être sous seing privé, mais il est bon de la faire enregistrer pour lui donner date certaine contre les tiers.

Nous n'avons pas à traiter ici la question de savoir si, lorsqu'un créancier a plusieurs créances sur un immeuble, l'acquéreur qui veut être subrogé doit lui payer toutes ses créances, comme dans le 1er cas de l'article 1251. Ici l'acquéreur peut évidemment ne payer qu'une créance, car il n'y a pas de circuit d'actions possible.

Examinons maintenant les effets de cette subrogation.

La subrogation de l'acquéreur s'étend-elle sur tous les biens du vendeur ou est-elle restreinte aux seuls biens vendus ?

En droit romain l'acquéreur n'était subrogé que sur les biens par lui acquis, quand il n'avait pas déjà payé son vendeur et que c'était seulement son prix qu'il payait aux créanciers. (L. 17, D, *qui pot.*)

Dans notre ancien droit, Renusson limitait sans distinction la subrogation de l'acquéreur aux immeubles par lui acquis.

Pothier faisait une distinction : Si l'acquéreur n'avait pas, en payant, requis la subrogation, il succédait, mais par exception à la rigueur des principes, aux hypothèques des créanciers désintéressés, mais seulement sur l'immeuble acquis. Si au contraire il avait en payant requis la subrogation, cette subrogation était générale.

On justifiait cette solution de Renusson, adoptée dans notre droit par Toullier et Duranton, en disant que le motif de cette subrogation est seulement de maintenir l'acquéreur en possession de son immeuble ; mais cette doctrine n'a pas réussi, Toullier et Duranton l'ont abandonnée avec raison.

Rien ne prouve d'abord que le Code ait voulu suivre l'ancienne jurisprudence sur ce point, puisque, en organisant ce cas de subrogation, il a commencé par s'en écarter, en donnant à l'acquéreur une subrogation légale ; innovant sur ce point, il a pu innover sur un autre.

Nous avons vu d'ailleurs que l'effet général de toute subrogation est de donner au subrogé tous les droits du subrogeant. Or pourquoi en serait-il autrement dans le cas qui nous occupe ?

On répond : Parce que le motif de cette subrogation est de maintenir l'acquéreur en possession. Sans doute, mais son motif est aussi de le rendre indemne quand l'immeuble est revendu sur les poursuites des créanciers non payés ; or il sera en perte, lorsque le prix d'adjudication sera inférieur à son prix d'acquisition par lui versé aux créanciers hypothécaires, s'il n'a pu succéder au moyen de la subrogation, à des hypothèques appartenant aux créanciers payés et grevant d'autres immeubles.

Donc l'acquéreur est subrogé aux hypothèques grevant les immeubles autres que celui qu'il a acquis, et il n'y a aucune raison de distinguer entre le cas où ces immeubles appartiennent encore au débiteur et celui où il les a également vendus.

Il y a d'autant moins lieu de s'arrêter à la solution contraire que l'acquéreur pourrait au besoin invoquer le bénéfice de la subrogation établie par le n° 3 de l'art. 1251.

D'après ce qui précède, on a pu voir que la subrogation de l'art. 1251, § 2, est subordonnée à une éventualité consistant ordinairement dans la poursuite possible de la part des créanciers non payés, et plus généralement dans une éviction résultant d'une cause quelconque, revendication, résolution ou nullité.

Supposons donc un propriétaire de deux immeubles grevés tous deux d'une hypothèque pour une créance déterminée; il vend un de ses immeubles pour un prix égal au montant de la créance dont l'inscription les grève tous deux, et l'acquéreur paie son prix aux mains du créancier hypothécaire, lequel se trouve désintéressé.

L'acquéreur a acquis une subrogation. Sur quels immeubles ? La solution que nous avons donnée ci-dessus nous force à répondre sur deux immeubles : 1° sur l'immeuble acquis; 2° sur l'immeuble resté entre les mains du débiteur.

Mais qui ne voit que ce résultat est absolument injuste et ridicule: l'immeuble resté entre les mains du vendeur sera perpétuellement grevé de l'hypothèque de l'acquéreur subrogé! Cela ne se peut pas! Aussi applique-t-on par analogie l'art. 1653, et décide-t-on que le vendeur pourra demander mainlevée de l'inscription grevant l'immeuble resté entre ses mains quand l'acquéreur n'aura pas raisonnablement en fait d'éviction à redouter.

Examinons une seconde espèce: L'acquéreur paie imprudemment son prix au vendeur, puis ensuite il paie un créancier hypothécaire général. Sera-t-il subrogé à l'hypothèque qui appartenait à ce créancier, en tant qu'elle grève un autre immeuble, de façon à primer les autres créanciers du vendeur inscrits sur cet immeuble et à pouvoir ainsi recouvrer ce qu'il a payé au créancier et être indemnisé ?

On pourrait croire qu'il n'a pas ce droit, et en effet plusieurs Cours l'ont décidé.

Il semble en effet que puisque l'acquéreur a payé imprudemment, il doit supporter les conséquences de son imprudence, et ne pas les faire supporter par les autres créanciers de son vendeur. On ajoute que lui donner la subrogation, c'est favoriser la fraude.

Mais cette opinion n'a pas prévalu, et les arrêts qui l'ont admise ont été cassés avec raison. (Cass. 15 avril 1844. Dalloz, JG. Oblig. n° 1938).

En effet, du moment que l'on accorde à l'acquéreur la subrogation sur l'immeuble acquis, il faut la lui accorder aussi sur les autres immeubles, car toute subrogation produit les mêmes effets.

L'acquéreur a d'autant plus droit dans cette hypothèse à la subrogation pleine et entière, qu'il peut se prétendre subrogé comme tiers-détenteur en vertu du § 3 et même comme créancier chirographaire en vertu du § 1er.

Pourquoi d'ailleurs refuser la subrogation à l'acquéreur à titre onéreux quand on ne pourrait pas la refuser à un acquéreur à titre gratuit?

Enfin l'argument tiré de la possibilité de la fraude est puissant en fait, mais il n'est pas juridique, car la fraude peut être prouvée par tous les moyens.

Nous avons cité plus haut, en faveur de l'opinion qui consiste à donner à l'acquéreur qui a payé au-delà de son prix, une subrogation sur les immeubles autres que celui par lui acquis, un arrêt de Cassation du 15 avril 1844.

Mais nous ne saurions en accepter toute la jurisprudence si l'on y voit la permission donnée au tiers-acquéreur de cumuler la purge et la subrogation, ce qui présente un très-grand intérêt quand, étant donnés deux immeubles A et B, dont l'un est vendu, il se trouve un créancier hypothécaire général sur A et B, et un créancier spécial sur chacun des immeubles A et B.

La conséquence de ce cumul auquel l'art. 771 du Code de Procédure est complètement opposé, serait de faire colloquer deux fois une même créance ; or ce résultat est manifestement injuste, donc pas de subrogation jointe à la purge ; la purge éteint complètement l'hypothèque, elle ne peut plus revivre (Paris, 10 juin 1833. Badère.)

Mais dans tous les cas l'hypothécaire spécial sur A ou sur B agira prudemment en payant le créancier à hypothèque générale.

TROISIEME CAS.

De la subrogation au profit de celui qui, étant tenu avec d'autres ou pour d'autres au paiement de la dette, avait intérêt de l'acquitter.

Examinons d'abord à qui appartient cette subrogation.

Elle appartient à une classe de débiteurs très-digne de faveur, à ceux qui peuvent être forcés de payer la dette d'un autre ; nous disons que ces débiteurs avaient un droit tout spécial à la subrogation légale, puisque cette subrogation était accordée aux deux classes de personnes désignées dans les §§ 1 et 2 de l'art. 1251, lesquelles payent bien la dette d'un autre, mais volontairement.

Pour avoir droit à cette subrogation, il faut être tenu au paiement de la dette et avoir intérêt à l'acquitter ; il ne suffirait plus, comme dans l'ancien droit, d'avoir intérêt pour avoir droit à cette subrogation. Mais être forcé de payer une dette, c'est avoir par là même intérêt à l'acquitter, et être forcé de payer la dette d'un autre, c'est avoir intérêt à être subrogé, car c'est avoir un droit de recours.

Quelles hypothèses la loi a-t-elle eu en vue en parlant de débiteurs tenus avec d'autres ou pour d'autres ?

« Tenu avec d'autres, » ces mots ne se rapportent certainement pas à la position de deux débiteurs conjoints, car dans ce cas il y a deux créances distinctes ; la loi a voulu prévoir des cas comme la solidarité et l'indivisibilité.

« Tenu pour d'autres » c'est l'hypothèse de la caution, du tiers-détenteur.

Pour qu'il y ait lieu à l'application de ce cas de subrogation légale, il n'est pas nécessaire que l'on soit tenu personnellement.

Ainsi le tiers-détenteur n'est passible que de l'action hypothécaire ; ce n'est que pour éviter le délaissement ou l'expropriation qu'il peut se voir dans la nécessité de payer : et cependant, comme il a intérêt à acquitter la dette, il faut bien le comprendre dans la généralité des expressions de l'art. 1251.

C'est en ce sens que la Cour de Paris et la Cour de cassation (7 juillet 1851) ont décidé, contrairement à un jugement du tribunal de la Seine, que le sous-acquéreur partiel qui, sous le coup de l'action résolutoire du vendeur originaire, avait payé le prix de la première vente, était subrogé aux droits du vendeur contre les autres acquéreurs.

L'ancien Droit accordait d'ailleurs au tiers-détenteur le droit de requérir la cession d'actions.

Enfin la subrogation est certainement accordée au tiers-détenteur à titre gratuit (art. 874) et la seule raison nous dit qu'il est impossible de la refuser au tiers-détenteur à titre onéreux.

La subrogation peut être réclamée par tous les tiers-détenteurs, c'est-à-dire par tous ceux auxquels la propriété a été transférée soit dans sa plénitude, soit dans un de ses démembrements, soit à titre onéreux, soit à titre gratuit, et dans les mains desquels elle est passible du droit de suite attaché à l'hypothèque.

De ce nombre sont les usufruitiers, les emphytéotes, les coéchangistes, les copartageants, ceux qui détiennent à titre de donation ou comme légataires (Gauthier).

Quant à l'usufruitier, point de difficulté, l'immeuble peut être suivi entre ses mains et il peut être contraint de purger.

Mais que décider relativement à celui qui a sur l'immeuble un droit d'usage, d'habitation, de servitude réelle ? Conformément à ce que nous avons décidé précédemment, nous répondons que l'acquéreur de ces droits qui paye les créanciers hypothécaires est de plein droit subrogé.

Nous admettons également que les fermiers et locataires, qui peuvent être privés de leur droit de jouissance par l'exercice des droits du créancier hypothécaire, par suite du défaut de date certaine de leurs baux antérieurs au commandement préalable à la saisie, sont légalement subrogés quand ils payent le créancier hypothécaire.

Et toujours suivant le même raisonnement nous

admettons que le tiers-acquéreur qui est soumis à l'action révocatoire que l'art. 1167 accorde aux créanciers à l'effet d'attaquer l'acte fait par leur débiteur en fraude de leurs droits, est de plein droit subrogé aux créanciers qu'il désintéresse.

Il ne peut pas y avoir de difficulté pour accorder la subrogation légale à l'emphytéote, en présence de la jurisprudence constante qui donne à l'emphytéose le caractère d'un démembrement de la propriété ; ni au coéchangiste puisque le coéchangiste ne pouvant pas purger, parce qu'il ne peut pas offrir de prix aux créanciers hypothécaires, son prix ne consistant pas en argent, reste forcément soumis à leur action comme tiers-détenteur.

Sont également tiers-détenteurs dans le sens de l'art. 1251 la caution réelle et celui qui a donné un objet mobilier en gage pour le débiteur.

Enfin le privilège sur les meubles est dans certains cas accompagné d'un droit de suite ; lorsque ce droit existe, le détenteur du meuble affecté au payement de la dette est de plein droit subrogé s'il la paye. Tel est l'acheteur d'un meuble enlevé par le locataire à l'insu du propriétaire, ou volé à un créancier gagiste, à un aubergiste, à un voiturier.

Examinons maintenant ce qui concerne les débiteurs tenus personnellement et visés par l'art. 1251, § 3.

Et d'abord la situation du cohéritier qui paie au-delà de sa part une dette chirographaire de la succession. Est-il subrogé de plein droit contre ses cohéritiers?

Il ne l'est pas, car les dettes se divisent de plein droit

entre les cohéritiers, et si l'un d'eux paie au-delà de sa part, c'est qu'il le veut bien ; donc il n'est pas dans les termes de l'art. 1251, § 3.

Cette doctrine est généralement admise; toutefois on a prétendu faire une distinction entre le cas où le cohéritier a payé avant ou après le partage, et lui accorder la subrogation dans le cas où il a payé avant le partage. (Toullier, Duvergier, Gauthier.) Mais ce système n'a pas prévalu.

Ne sont pas non plus subrogés légalement :

1° Le tiers qui s'est engagé envers le débiteur seul à payer le créancier sans prendre aucune obligation envers ce dernier.

2° Le sous-entrepreneur qui a payé de ses deniers les ouvriers.

3° Le mandataire qui a payé la dette du mandant, à moins qu'il ne résulte des termes du mandat que le mandataire était personnellement tenu de la dette du mandant.

4° Le porte-fort qui, en payant dans le cas où le tiers ne ratifie pas, n'acquitte pas son engagement, mais le sien propre.

Sont au contraire subrogés de plein droit :

En première ligne le coobligé et la caution pour lesquels a été fait surtout le § 3 de l'art. 1251, et la caution même dans le cas où elle s'est engagée contre la volonté du débiteur, pourvu que le paiement fait par elle ait été utile.

2° Le codébiteur solidaire, quelle que soit la nature de la solidarité qui le lie ; ainsi est légalement subrogé celui qui a acquitté les amendes, restitutions, dommages-intérêts et frais auxquels il a été condamné avec d'autres. Nous disons « condamné avec d'autres, » car il n'y aurait pas de subrogation au profit de celui qui aurait été condamné seul.

3° Le codébiteur d'une obligation indivisible, même *solutione tantum*.

4° Le certificateur de caution et les cofidéjusseurs.

5° Celui sur le mandat duquel un prêt a été fait, ou *mandator pecuniæ credendæ* du Droit romain.

6° Le délégué qui s'est obligé envers le créancier délégataire.

7° Les officiers ministériels obligés, en vertu de la loi du 22 frimaire an VII, au paiement des droits d'enregistrement.

8° Le conservateur des hypothèques responsable envers les créanciers du préjudice résultant soit de l'omission sur ses registres des transcriptions d'actes de mutation et des inscriptions requises en ses bureaux, soit du défaut de mention dans ses certificats d'une ou plusieurs des inscriptions existantes. Il est légalement subrogé aux droits du créancier, qu'il est forcé de désintéresser par suite de cette responsabilité.

L'art. 2198 du Code civil nous offre un exemple de l'utilité de cette subrogation : Lorsque les créanciers omis se sont adressés directement au conservateur pour se faire payer, celui-ci peut, comme subrogé à leurs droits, réclamer à l'ordre, tant que cet ordre n'est pas clos définitivement, le montant des créances qu'il a remboursées.

9° L'agent de change qui livre lui-même des rentes en l'acquit du vendeur en retard de les livrer. (Cour de Paris, 29 messidor, an XII).

10° Le commissionnaire qui paye de ses deniers les marchandises qu'il a achetées pour le compte de son commettant. Nous ne pensons donc pas, comme M. Mourlon, que le commissionnaire devient en quelque sorte un vendeur par rapport à son commettant, et que par conséquent il a droit à la revendication, mais non à la subrogation légale. Nous croyons au contraire que le commissionnaire, en achetant sous son nom, ne devient pas propriétaire de la marchandise, parce qu'il l'a achetée pour le compte du commettant; mais comme le vendeur ne connaît pas le commettant, le commissionnaire s'oblige personnellement envers lui, il est donc tenu pour un autre ; il a donc droit à la subrogation légale, étant dans les termes du § 3 de l'art. 1251.

Nous avons cité quelques cas d'application de ce paragraphe, mais hâtons-nous de dire qu'il est impossible de déterminer tous les cas qu'il peut embrasser, les juges ont donc en cette matière un certain pouvoir d'appréciation.

La compagnie d'assurances contre l'incendie qui paie le propriétaire en cas de sinistre, est-elle de plein droit subrogée à l'action du propriétaire contre le locataire en vertu des art. 1733 et 1734 ?

La jurisprudence est définitivement fixée dans le sens de la négative, et presque tous les auteurs émettent la même opinion.

Ce système nous semble très-contestable et les savantes dissertations publiées sur ce point par MM. Mourlon, Gauthier et Demolombe nous paraissent avoir victorieusement démontré que cette jurisprudence est le résultat d'une fausse idée sur les conditions de la subrogation du § 3 de l'art. 1251.

Examinons donc les arguments sur lesquels sont basés les arrêts et les réponses qui y sont faites :

Pour qu'il y ait lieu à la subrogation de l'art. 1251, § 3, il faut que plusieurs personnes soient tenues les unes avec les autres, ou les unes pour les autres au paiement de la même dette ; or dans l'espèce il y a deux dettes, celle de l'assureur envers l'assuré, qui dérive d'un contrat aléatoire, celle du locataire envers le propriétaire, qui dérive d'un délit ou d'un quasi-délit. — Aucun lien n'existe entre le locataire et l'assureur. — Quand l'assureur paie à l'assuré le montant de l'indemnité stipulée, il paye sa propre dette. — L'assureur et le locataire ne sont pas engagés l'un avec l'autre, car si l'assuré est indemnisé par le locataire, ce dernier ne profite pas de l'assurance. — L'assureur n'est pas davantage tenu pour le locataire, car il serait sa caution et il n'est pas sa caution, car s'il l'était, il ne pourrait pas être poursuivi avant le locataire qui serait le débiteur principal. D'ailleurs on ne peut pas considérer comme une caution l'assureur qui paie en vertu de son contrat. — Enfin la subrogation légale est de droit étroit.

Tels sont les arguments de la doctrine la plus accréditée et de la jurisprudence, arguments que nous ne croyons pas sans réplique.

Sans doute l'assureur qui indemnise l'assuré paie sa propre dette, mais la caution, elle aussi, paie sa propre dette, car elle est personnellement obligée envers le créancier, et cependant elle est légalement subrogée aux droits du créancier. La position de l'assureur est la même, car en payant il paye une dette qui peut être celle du locataire ; il paie, comme la caution, ce qu'il était tenu de payer pour un autre.

Et si l'assureur qui paye a un recours contre le locataire, comme la caution contre le débiteur, il n'est pas vrai de dire qu'il n'y ait entre eux aucune relation de droit.

Sans doute l'obligation de l'assureur et celle du locataire procèdent de deux causes différentes, mais il n'en est pas moins vrai que tous deux sont tenus de payer la *même chose*. Il peut se rencontrer des cautionnements analogues, par exemple celui qui garantit une dette née d'un délit ou d'un quasi-délit ; est-ce que dans ce cas la caution ne jouirait pas du bénéfice de subrogation légale.

Sans doute le locataire, dans le cas où il paye ne peut pas profiter de l'assurance, mais il en est de même du débiteur principal qui ne peut pas, quand il a payé lui-même, profiter du cautionnement.

Mais, dit-on, l'assureur n'est pas tenu pour un autre, car « tenu pour un autre » cela suppose un cautionnement. C'est là, croyons-nous, interpréter très-mal les mots « tenu pour d'autres » car il y a beaucoup d'autres personnes que les cautions qui soient tenues pour d'autres ; tels sont le *mandator pecuniæ credendæ*, le tiers-détenteur d'un immeuble hypothéqué, la caution réelle.......... On objecte que l'assureur n'est pas une caution puisqu'il ne jouit pas du bénéfice de discussion. Nous répondons qu'il y a des cautions qui ne jouissent pas du bénéfice de discussion ; ce sont celles qui y ont renoncé et celles qui se sont engagées solidairement avec le débiteur. (Art. 2021).

Or ces cautions n'en sont pas moins légalement subrogées ; donc il n'y a pas de corrélation nécessaire entre le bénéfice de discussion et la subrogation légale, et l'assureur qui n'a pas le premier peut avoir la seconde.

On insiste en disant que le contrat d'assurances est à titre onéreux et le cautionnement gratuit ; mais si la caution n'était pas absolument désintéressée, si elle recevait du débiteur une indemnité, en serait-elle pour cela moins une caution et ne serait-elle pas subrogée ?

Enfin on dit que la subrogation légale est de droit étroit ; mais l'argument n'a aucune valeur, car il ne s'agit pas de créer un nouveau cas de subrogation légale, mais bien de savoir si le paiement fait par l'assureur ne rentre pas dans les termes de la loi.

Nous croyons donc que la jurisprudence s'est égarée sur cette question, d'abord, comme nous l'avons vu, par une fausse interprétation de l'art. 1251, ensuite par un sentiment d'humanité mal compris envers les locataires.

En effet, comme on a reconnu qu'il fallait pourtant bien que d'une façon quelconque l'assureur succédât aux droits du propriétaire contre les locataires, en déclarant inexistante la subrogation légale, impossible la véritable subrogation conventionnelle de l'art. 1250, on a déclaré qu'il y avait une cession dans la clause des polices par laquelle le propriétaire subroge la compagnie à ses droits contre le locataire.

Outre que le locataire et le propriétaire perdent plutôt qu'ils ne gagnent à ce que la clause soit ainsi interprétée, on peut se demander comment il peut y avoir une cession sans prix, ce qui se présente dans l'espèce.

Enfin la subrogation légale est incontestée en matière d'assurances maritimes, et on ne voit pas pourquoi il en serait autrement en matière d'assurances terrestres.

Pour acquérir le bénéfice de ce troisième cas de subrogation légale, il faut que celui qui est tenu avec d'autres paie la dette en tout ou en partie, ou se libère par un autre mode d'extinction des obligations capable de libérer les autres envers le créancier et de lui procurer un recours ; telles sont : la compensation, la novation et la remise absolue de la dette.

Les effets de toute subrogation étant les mêmes, comme nous l'avons dit plus haut, il n'y a pas d'effets spéciaux à ce cas du § 3 de l'art. 1251.

Mais comme toute subrogation produit ses effets contre les tiers, et que les tiers contre lesquels il s'agit de recourir sont, eux aussi, dans le cas d'être subrogés, ce conflit d'intérêts qui se heurtent donne lieu à des questions très-ardues.

Celui qui a droit à la subrogation légale aux droits du créancier pour la garantie de son recours, peut-il agir contre chacun de ses codébiteurs pour tout ce qui excède la part dont il était lui-même tenu, ou, au contraire, ne peut-il exiger que la part de chacun d'eux ?

Sous l'empire de l'ancienne législation, malgré plusieurs arrêts qui avaient jugé la question dans le sens de la première opinion, la seconde, enseignée par Pothier et par la plupart des jurisconsultes, avait fini par prévaloir, et avait été consacrée par le dernier état de la jurisprudence.

Le Code s'est prononcé sur cette question, mais non pas dans tous les cas où elle peut naître. Voyons quelles sont ses solutions :

Il a réglé d'abord le cas où un codébiteur solidaire ayant payé toute la dette veut exercer son recours contre ses codébiteurs.

Les articles 1213 et 1214 sont ainsi conçus :

Art. 1213.—L'obligation contractée solidairement envers le créancier se divise de plein droit entre les débiteurs qui n'en sont tenus entre eux que chacun pour sa part et portion.

Art. 1214.—Le codébiteur d'une dette solidaire, qui l'a payée en entier, ne peut répéter contre les autres que les parts et portions de chacun d'eux. Si l'un d'eux se trouve insolvable, la perte qu'occasionne son insolvabilité se répartit par contribution entre tous les autres codébiteurs solvables et celui qui a fait le paiement.

La loi est donc formelle dans le sens de la deuxième opinion.

Mais sur quels motifs s'est-on appuyé pour décider ainsi ?

D'abord sur un circuit d'actions possible dans le cas où le codébiteur solidaire qui a payé pourrait exercer un recours solidaire contre ses codébiteurs.

Telle était la doctrine de Renusson (Ch. VIII, n° 8), qui cite ce passage de Barthole sur la loi Modestinus, D. De solut., n° 9. « Diceret iste (le codébiteur poursuivi » pour le tout par son codébiteur qui a payé) secundo » conventus : Cedas mihi actiones in solidum contra » alios, et sic necesse haberet cedere contra seipsum et « sic petere pro parte suâ quod redditurus esset. »

C'est aussi l'opinion de Pothier : « Si j'étais remboursé, » dit-il, par mon codébiteur, qui aurait aussi requis la » subrogation, la créance lui serait transmise sous la dé- » duction de la part dont il est lui-même tenu ; ce ne se- » rait plus moi, mais lui qui serait le *procurator in rem* » *suam* du créancier, et qui en cette qualité aurait le » droit d'exercer contre moi les actions du créancier pour » le surplus, et de me faire rendre ce qu'il m'a payé. » (*Traité des obligations*, n° 281.)

Cette crainte d'un circuit d'actions est-elle bien fondée ? Toullier ne le croit pas ; il pense que Renusson et Pothier sont tombés dans une grossière erreur ; selon lui « le codébiteur solidaire, lorsqu'il paie la totalité de » la dette, éteint irrévocablement sa part virile ; la » créance ne peut donc lui être cédée en totalité, mais » seulement pour ce qui reste, déduction faite de la part » acquittée. Si le créancier lui cède l'action solidaire » contre les autres codébiteurs ou contre l'un d'eux » pour le surplus de la créance, celui qui paiera ce surplus » en totalité au subrogé acquittera encore irrévocable- » ment sa portion personnelle de la dette, et ne pourra

» plus, par conséquent, se faire céder l'action solidaire » que pour ce qui reste, déduction faite de deux parts. » Il ne peut donc jamais dans ce cas y avoir de circuit » vicieux d'actions. »

Quoiqu'il en soit sur la possibilité du circuit d'actions, il est certain que cette idée a contribué à la rédaction des art. 1213 et 1214.

On a dit encore pour expliquer ces articles, que le codébiteur solidaire, en payant la totalité, éteint toute la dette à l'égard de tous les autres, et n'a par conséquent contre eux que les créances divisées nées du paiement.

Mais nous ne croyons pas que ce soient là les véritables motifs qui ont inspiré le législateur. La véritable raison juridique de la loi, c'est que lorsque la dette solidaire a été contractée par plusieurs personnes, il s'établit entre elles une société; l'action que celui des codébiteurs solidaires qui a payé la totalité a contre chacun de ses codébiteurs est l'action *pro socio*.

De là les dispositions de la loi : si celui des codébiteurs solidaires qui le premier a acquis la subrogation avait une action solidaire contre chacun de ses codébiteurs, il romprait l'égalité qui doit exister entre associés, en faisant supporter à l'un d'eux dans les charges communes une proportion plus forte que celle relative à son intérêt social.

Ce point est donc certain et incontesté quand il n'y a qu'une subrogation légale. Mais faut-il dire au contraire avec Toullier, que le codébiteur solidaire qui a payé la totalité a droit à un recours solidaire quand il s'est fait consentir par le créancier une subrogation conventionnelle? Nous ne le pensons pas, car il n'y a pas lieu de distinguer entre la subrogation conventionnelle et la subrogation légale quant aux effets qu'elles produisent ; ces effets sont identiques.

Nous croyons même que les art. 1213 et 1214 devraient être appliqués au cas où l'acte par lequel le codébiteur solidaire payant se serait fait céder les droits du créancier serait qualifié de transport ; il faudrait lui rendre son véritable caractère, celui de paiement. Sans doute « tous ceux auxquels la loi ne l'interdit pas peuvent acheter et vendre » (art. 1594), mais on n'achète pas ce que l'on doit soi-même, on le paie. Comme le dit fort bien M. Mourlon : « Le codébiteur solidaire qui achèterait la créance au lieu de l'acquitter, ne pourrait invoquer ni la solidarité, ni l'action hypothécaire pour exercer son recours *in solidum* contre l'un de ses codébiteurs. Cet acte de spéculation ne saurait porter atteinte aux relations de confraternité qui le lient envers ceux dont il est en quelque sorte l'associé ; (art. 1848) en s'associant à eux, il a promis d'agir dans l'intérêt de tous, et ce serait manquer à ce devoir que d'éluder le principe de l'art. 1213 en achetant l'action solidaire qu'il est chargé, qu'il a promis d'éteindre. »

Le Code civil a également réglé, au titre du cautionnement, le recours de la caution contre les codébiteurs solidaires. Ses dispositions font l'objet des art. 2029 et 2030.

Art. 2029 : La caution qui a payé la dette est subrogée à tous les droits qu'avait le créancier contre le débiteur.

Art. 2030 : Lorsqu'il y avait plusieurs débiteurs principaux solidaires d'une même dette, la caution qui les a

tous cautionnés a contre chacun d'eux le recours pour la répétition du total de ce qu'elle a payé.

La différence qui existe entre ces dispositions et celles qui règlent les rapports des codébiteurs solidaires entre eux s'explique facilement : les droits du créancier peuvent passer dans leur plénitude à la caution, parce que la caution n'est pas tenue, comme le codébiteur solidaire, de cette sorte d'obligation de garantie, effet de la société qui existe entre codébiteurs solidaires.

L'art. 2030 règle la situation de la caution qui a cautionné tous les débiteurs principaux solidaires.

Faut-il l'appliquer même au cas où la caution n'a cautionné qu'un seul des codébiteurs solidaires, ou bien faut-il, raisonnant par *a contrario*, dire que dans ce cas, étant subrogée pour le tout contre celui qu'elle a cautionné, elle n'aura contre les autres qu'un recours divisé ?

Sur ce point, la controverse est très-vive, les auteurs sont fort divisés et la jurisprudence n'est pas établie sur des bases solides.

Avant 1854, la Cour de cassation ne s'était pas prononcée sur la question.

En 1854, 19 avril (Mounier et Duparquet c/ Clément), elle décide : « que le fidéjusseur qui n'a cautionné qu'un seul des débiteurs solidaires, et qui a payé la dette entière au créancier, n'est légalement subrogé aux droits du créancier que contre celui des débiteurs qu'il a cautionné ; et n'acquiert contre les autres que le droit du débiteur cautionné. — Par suite, ce fidéjusseur n'a aucun recours contre le codébiteur qu'il n'a pas cautionné, alors que le débiteur cautionné a perdu tout recours par suite de conventions particulières. »

Le 10 juin 1861, (Auvigne c/ Vagnon) la Cour de Cassation décide, dans un sens diamétralement contraire sur certains points, que « le fidéjusseur qui n'a cautionné qu'un seul des débiteurs solidaires et qui a payé la dette entière au créancier, est subrogé, non pas seulement aux droits de ce créancier contre le débiteur cautionné, mais encore à ses droits contre les autres débiteurs non cautionnés, *bien que, d'ailleurs, il ne puisse agir contre eux que pour la part de chacun dans la dette solidaire.* Et il ne cesse pas d'avoir action contre les débiteurs non cautionnés, alors même que, par suite de conventions particulières, le débiteur cautionné aurait perdu tout recours contre ses codébiteurs solidaires. »

Sur cette grave question, nous pensons que la Cour de cassation décide avec raison que la caution de l'un des débiteurs solidaires ne peut exercer contre les autres qu'un recours divisé et en cela nous nous mettons en contradiction avec M. Gauthier, M. Marcadé et M. Demolombe qui pensent que le recours peut être solidaire. Raisonner ainsi, selon nous, c'est faire une fausse application des dispositions générales de l'art. 1251, § 3, à une espèce particulière prévue et régie par une disposition spéciale. La position de la caution d'un débiteur solidaire n'est pas régie par l'art 1251, mais par les art. 2029 et 2030 ; or ce dernier article ne parle que de la caution de tous les débiteurs solidaires, ce qui exclut forcément celle qui n'en a cautionné qu'un seul.

Pour que le système de nos adversaires fût vrai, il faudrait que la caution pût réunir deux droits distincts: l'un, droit de recours à elle propre et fractionné, l'autre, droit de recours du créancier à elle transmis et solidaire. Or ces deux droits sont incompatibles ; la caution a l'un ou l'autre, elle ne peut pas les avoir tous deux, et puisque les art. 2029 et 2030 combinés ne lui accordent qu'un recours fractionné, il faut en conclure qu'elle ne peut pas avoir l'action solidaire qu'elle puiserait dans l'art. 1251. Il faut bien l'entendre ainsi pour trouver un sens quelconque à l'art. 2030.

Nous disons donc qu'on ne peut pas invoquer en faveur de la caution d'un des codébiteurs solidaires la subrogation de l'art. 1251, § 3; cela est d'autant plus vrai que cette caution, considérée à l'égard de ceux des débiteurs qu'elle n'a pas cautionnés, ne se trouve pas dans les termes de l'art. 1251, § 3; en effet, elle n'est pas tenue pour d'autres, dans un sens juridique, il n'y a de relation qu'entre elle et celui qu'elle a cautionné.

La caution n'est, suivant nous, subrogée par l'effet du paiement, dans les droits du créancier, que vis-à-vis du débiteur cautionné; vis-à-vis des autres débiteurs non cautionnés, la caution représente le codébiteur cautionné, et voilà pourquoi elle n'a contre eux qu'une action divisée, comme lui-même l'aurait eue en vertu de l'art. 1214.

C'est dire que nous nous rangeons pleinement du côté de l'arrêt de Cassation du 19 avril 1854, qui en déclarant que la caution de l'un des codébiteurs solidaires n'a contre les autres non cautionnés que les droits du débiteur cautionné, en conclut logiquement qu'elle n'a aucun recours contre ceux qu'elle n'a pas cautionnés, alors que le débiteur cautionné a lui-même perdu tout recours par suite de conventions particulières.

Aussi repoussons-nous comme illogique sur ce chef l'arrêt du 10 juin 1861 qui veut que la caution de l'un des codébiteurs solidaires soit subrogée aux droits du créancier contre tous les codébiteurs, mais sans pouvoir toutefois poursuivre pour le tout ceux qu'elle n'a pas cautionnés, et qui ne veut pas que cette caution reste soumise à toutes les exceptions de nature à pouvoir être opposées au débiteur cautionné. C'est là une véritable subrogation de fantaisie. La caution est subrogée contre les débiteurs non cautionnés aux droits du créancier, ou elle ne l'est pas. Si elle l'est, il faut dire qu'elle a contre eux comme le créancier, un recours solidaire; si elle ne l'est pas, elle n'a comme son débiteur cautionné qu'un recours divisé, et est soumise aux mêmes exceptions que lui. C'est l'un ou l'autre. Mais admettre que la caution n'a qu'un recours divisé, c'est admettre qu'elle n'agit pas comme subrogée aux droits du créancier, mais seulement comme représentant le débiteur cautionné.

Mais cette caution à qui la subrogation légale ne donne de droits pour le tout que contre le débiteur qu'elle a cautionné, peut-elle acquérir des droits pour le tout contre les autres codébiteurs au moyen de la subrogation conventionnelle ? Nous ne le croyons pas, car cette caution, bien que subrogée par le créancier, n'en prendra pas moins la place du débiteur pour qui elle a payé, lequel ne pourrait obtenir un recours pour le tout au moyen de la subrogation conventionnelle.

Par le même motif d'équité qui l'avait fait diviser le recours entre codébiteurs solidaires, le législateur a disposé par l'art. 2033 « que lorsque plusieurs personnes ont cautionné un même débiteur pour une même dette, la caution qui a acquitté la dette a recours contre les autres cautions, chacune pour sa part et portion. »

C'est là encore une dérogation aux règles générales en matière de subrogation.

L'art. 875 en contient également une, quand il dispose que « le cohéritier ou successeur à titre universel qui, par l'effet de l'hypothèque, a payé au-delà de sa part de la dette commune, n'a de recours contre les autres cohéritiers ou successeurs à titre universel que pour la part que chacun d'eux doit personnellement en supporter, même dans le cas où le cohéritier qui a payé la dette se serait fait subroger aux droits des créanciers...... »

QUATRIEME CAS

De la Subrogation légale au profit de l'héritier bénéficiaire qui a payé de ses deniers les dettes de la succession.

Cette subrogation, qui a été instituée dans notre ancien droit, est fondée sur un motif d'intérêt pour l'héritier bénéficiaire et aussi pour les créanciers de la succession. Tous ont intérêt à la célérité de la liquidation, et il était utile de donner la subrogation à l'héritier bénéficiaire pour l'engager à payer les dettes de ses deniers.

La subrogation du § 4 de l'article 1251 doit-elle être étendue au curateur à la succession vacante ? Renusson, Duparc-Poullain, Argou, et la plupart des auteurs qui ont écrit sous l'empire de l'ancien droit français, pensent que l'affirmative doit être admise, et Toullier a enseigné la même doctrine sous l'empire du Code; mais il prétend que ce n'est pas au profit personnel du curateur que s'opère alors la subrogation, mais au profit des héritiers ou de l'Etat, pour lesquels il est censé agir et qui en recueillent tout l'avantage par son ministère.

Nous ne croyons pas que cette doctrine puisse être admise ; et d'abord, s'il y avait subrogation, ce serait certainement au profit personnel du curateur et non au profit des héritiers ou de l'Etat, car pour qu'il y ait subrogation, il faut qu'il y ait une personne distincte de l'hérédité, ayant des droits contre elle. Mais la subrogation ne peut pas même exister au profit personnel du curateur, car la subrogation légale est de droit étroit et la loi n'a parlé que de l'héritier bénéficiaire.

Cette subrogation a beaucoup d'analogie avec celle que la loi accorde à l'aquéreur qui paie les créanciers auxquels l'immeuble acquis est hypothéqué ; mais il y a entre les deux cas cette différence « que l'acquéreur obtient la subrogation quand il emploie à ce paiement le prix dont il est débiteur, les deniers mêmes qui forment le gage des créanciers inscrits, tandis que l'héritier bénéficiaire n'est subrogé qu'autant qu'il paie de ses deniers personnels. Il ne le serait pas s'il payait avec les fonds qui appartiennent à la succession et constituent le gage des créanciers de l'hérédité. En effet, bien que l'acquéreur, en payant sur son prix un créancier hypothécaire ou privilégié ne fasse qu'acquitter sa dette, la subrogation lui est néanmoins nécessaire à l'égard des autres créanciers pour faire colloquer sur ce prix la créance qu'il a payée, et pour faire ainsi tourner ce paiement à sa libération. L'héritier bénéficiaire, au contraire, qui emploie les fonds de la succession au paiement des créanciers, agit comme héritier et au nom de la succession qui ne peut être subrogée contre elle-même. » (M. Gauthier.)

Mais pourvu qu'il paye de ses deniers, l'héritier bénéficiaire a droit à la subrogation aussi bien lorsqu'il acquitte les charges de la succession, les legs, les droits de mutation, que lorqu'il paye les dettes proprement dites.

Comme tout subrogé, l'héritier bénéficiaire succède à tous les droits du créancier, mais, bien entendu, autant seulement qu'il a payé dans la limite dont il était tenu. Si donc, héritier bénéficiaire pour moitié, il a payé en totalité une dette qui n'est ni hypothécaire ni indivisible, il n'aura droit à la subrogation que pour moitié, car il ne pouvait être poursuivi que pour sa part, les dettes se divisant de plein droit entre les héritiers, nonobstant le bénéfice d'inventaire.

Mais dans la limite où la subrogation lui est accordée, il a droit à tous les avantages de la subrogation, tant contre les créanciers et légataires de la succession que contre ses cohéritiers détenteurs d'immeubles hypothéqués à la dette ; c'est ainsi que comme subrogé aux droits du créancier, il peut, en vertu de l'article 875, comme s'il avait contre le défunt une créance personnelle, exercer son recours hypothécaire pour le tout, sa part confuse et déduite, contre ses cohéritiers détenteurs d'immeubles hypothéqués à la dette.

DES EFFETS DE LA SUBROGATION.

Sous ce titre, nous nous proposons d'expliquer l'art. 1252, en complétant les explications que nous avons données dans les quatre chapitres précédents, sur les effets de la subrogation.

Examinons d'abord quels sont les droits que la subrogation transmet au subrogé ?

Nous avons vu que la subrogation produit en principe les mêmes effets, quelle que soit la cause d'où elle procède et la manière dont elle s'établit.

Nous avons soutenu également, en étudiant les caractères généraux de la subrogation, que le subrogé, soit légalement, soit conventionnellement, succède à tous les droits du créancier, que c'est la créance même du subrogeant qui passe au subrogé, et que par conséquent les droits du créancier lui sont transmis, non-seulement contre le débiteur, mais encore contre les tiers tenus de la dette, soit réellement, soit personnellement.

Cette dernière idée est exprimée par l'art. 1252 qui dispose que : « la subrogation établie par les articles précédents, a lieu tant contre les cautions que contre les débiteurs.... »

Cette subrogation contre la caution faisait dans notre ancienne jurisprudence, l'objet de vives discussions : Renusson et Dumoulin s'y opposaient formellement, faisant valoir ce motif que la caution ne doit pas souffrir d'un changement de créancier. Ce motif n'était pas satisfaisant, car il est tout aussi raisonnable de penser que la caution, en accédant à l'obligation, a entendu y accéder, quel que fût son sort dans l'avenir ; le Code ne l'a donc pas admis, et pour faire cesser la diversité de jurisprudence qui existait entre certains parlements, il a décidé que la subrogation aurait lieu contre la caution.

Ecrite dans ce but, la disposition de l'art. 1252 n'est nullement limitative, et on ne saurait y trouver un argument pour soutenir que la subrogation n'a pas lieu contre les tiers-détenteurs d'immeubles hypothéqués à la dette, ce qu'on a en effet soutenu, même sous l'empire du Code, et ce qu'il est impossible d'admettre quand on pense que c'est la créance même qui passe au subrogé.

Par la même raison, nous admettons que le subrogé succède au recours en garantie ou en indemnité que le créancier pouvait avoir à raison de sa créance, et au bénéfice même de l'action résolutoire compétant au vendeur pour défaut de paiement du prix.

Pour que la subrogation produise son effet, il faut que les droits qu'elle transmet, soient conservés par le subrogé, qui doit par conséquent veiller au renouvellement des inscriptions ; aussi avons-nous vu, en étudiant le § 2 de l'art. 1251, que cette règle est applicable même à l'acquéreur qui paye son prix aux créanciers inscrits et même au créancier acquéreur.

Il n'est pas indispensable que la subrogation soit mentionnée sur les registres du conservateur, mais il est néanmoins prudent de le faire pour prévenir l'abus que le créancier remboursé pourrait faire en donnant au débiteur une mainlevée qui obligerait le conservateur à rayer l'inscription.

Le principe que nous avons posé sur la transmission des droits du subrogeant au subrogé, souffre des exceptions.

D'abord la subrogation peut être restreinte dans ses effets par la convention des parties.

La loi elle-même a établi diverses exceptions sous les art. 875, 1214 et 2033, relativement aux cohéritiers, aux codébiteurs solidaires et aux cofidéjusseurs, exceptions que nous avons étudiées sous le § 3 de l'art. 1251.

Mais il y a des situations que le texte a oublié de régler ; ce sont :

1° Celle de la caution vis-à-vis du tiers-détenteur et celle du tiers-détenteur vis-à-vis de la caution ;

2° Celle des tiers-détenteurs entre eux.

Examinons la première question : Est-ce la caution qui est subrogée contre le tiers-détenteur ; est-ce le tiers détenteur qui est subrogé contre la caution ?

Sur ce point existent quatre systèmes.

PREMIER SYSTÈME :

C'est le payement qui emporte la solution ; celui qui payera le premier sera seul subrogé.

Ce système, qui se base sur l'absence de textes, n'est point admis par les auteurs et dans l'ancien Droit personne ne l'admettait d'avantage ; c'est avec raison, car ce serait faire de la subrogation le prix de la course, ou le prix du hasard, suivant que le créancier s'adresserait à la caution ou au tiers-détenteur ; on peut dire que ce système est condamné par la raison.

DEUXIÈME SYSTÈME :

Il faut opter : C'est le tiers-détenteur qui sera subrogé contre la caution, la caution ne le sera jamais contre le tiers-détenteur.

1° C'était la solution du Droit Romain. (Novelle IV, ch. II). Le tiers-détenteur ne pouvait être actionné qu'en troisième ordre, après le débiteur principal et la caution.

C'est également l'opinion de Pothier dans l'Intr. au tit. XX de la Coutume d'Orléans.

2° Il est conforme à la raison de subroger seulement le tiers-détenteur contre la caution ; car celui qui est le plus favorable est celui qui est le moins engagé ; celui-là doit perdre qui s'est engagé le plus, et c'est la caution, car elle est obligée personnellement, tandis que le tiers-détenteur n'est obligé que sur son immeuble.

3° C'est ce qui résulte de l'art. 1252 qui dit formellement que la subrogation a lieu contre la caution, sans parler des tiers-détenteurs (bien qu'on ne prétende pas d'ailleurs que cet article signifie que la subrogation n'ait jamais lieu contre un tiers-détenteur).

La preuve, ajoute-t-on, que le tiers-détenteur est préféré par la loi à la caution, c'est que la caution, quand elle use du bénéfice de discussion, ne peut pas forcer le créancier à discuter des biens qui ne sont plus en la possession du débiteur (art. 2023) tandis que le tiers-détenteur peut renvoyer le créancier à la discussion des immeubles qui se trouvent en la possession des cautions, lesquelles sont des principaux obligés dans le sens de l'art. 2170.

Ce système est très-sérieux ; nous croyons cependant qu'il doit être écarté :

1° La Novelle IV ne peut pas faire autorité car elle n'a jamais été admise dans notre ancien Droit.

Quand à Pothier, il enseignait dans son Traité des Obligations le contraire de ce qu'il enseignait dans son Introduction au titre XX de la Coutume d'Orléans. Selon lui la caution avait le droit d'être déchargée si le créancier renonçait à son hypothèque contre un tiers-détenteur, ce qui suppose bien que la caution avait un droit contre le tiers-détenteur.

2° On dit que le tiers-détenteur est plus favorable que la caution parce qu'il ne s'est pas obligé personnellement. Cela est vrai, mais le tiers-détenteur a la purge qui lui donne le moyen de ne pas être exposé à l'action hypothécaire. La caution au contraire n'a pas de moyen de se soustraire à l'action, ce qui la rend plus favorable que le tiers-détenteur.

3° Quant aux textes, ils ne disent rien. Nous avons vu plus haut que l'art. 1252 a simplement pour but d'éviter la controverse de l'ancien Droit ; il ne veut nullement dire que le tiers-détenteur est subrogé contre la caution.

Quant à l'argument tiré de la combinaison des art. 2023 et 2170, il n'a aucune valeur, car le motif de ces articles est tout-à-fait étranger à notre question. Dans l'art. 2023, la loi a voulu favoriser le créancier qui a plus d'intérêt à poursuivre la caution que le tiers-détenteur, qui peut lui opposer la purge. Quant à l'art. 2170, il ne dit pas ce qu'on lui fait dire : « Principal ou principaux obligés, dit-on, cela comprend la caution. » Mais c'est la question ; bien au contraire la caution n'est qu'un obligé accessoire. Cet argument se retourne donc contre le système qui l'invoque.

D'ailleurs l'art. 2037 prouve bien que la caution est subrogée contre le tiers-détenteur : Il dispose « que la caution est déchargée, lorsque la subrogation aux droits, hypothèques et privilèges du créancier ne peut plus, par le fait de ce créancier, s'opérer en faveur de la caution.

Or, qui dit hypothèque dit droit de préférence et droit de suite ; pourquoi donc la loi ferait-elle subir une déchéance au créancier qui a renoncé au droit de préférence, sans en faire subir une au créancier qui a renoncé au droit de suite ?

TROISIÈME SYSTÈME.

Un troisième système admet la solution renversée. Ses partisans pensent que l'art. 2037 tranche la question et permet de subroger toujours la caution contre le tiers-détenteur et jamais le tiers détenteur contre la caution.

Ce système ne nous paraît point exact ; il exagère la portée de l'art. 2037 qui ne dit point que la caution devra toujours être subrogée contre le tiers-détenteur, et il ne tient aucun compte de l'art. 1252 qui laisse voir que le tiers-détenteur peut être subrogé contre la caution.

QUATRIÈME SYSTÈME.

Nous admettons ce système mixte qui décide que, d'après les principes, la subrogation ayant lieu réciproquement entre le tiers-détenteur et la caution, il faut résoudre la question suivant la date de l'engagement.

Si c'est la caution qui s'est engagée la première, ce sera le tiers-détenteur qui sera subrogé contre elle ; si elle ne s'est engagée qu'après l'hypothèque, ce sera elle qui sera subrogée contre le tiers-détenteur.

Dans le premier cas, le tiers-détenteur a compté sur la subrogation légale contre la caution; dans le second cas, le tiers-détenteur ne peut pas dire qu'il a compté sur la subrogation contre la caution, puisque, au moment où l'hypothèque a été donnée, la caution n'existait pas; la caution peut dire au contraire qu'elle a compté sur l'hypothèque.

C'est la seule manière de concilier l'art. 1252 avec l'art. 2037.

Mais si le cautionnement et l'hypothèque ont la même date, si on ne sait pas quel acte a eu lieu le premier et lequel des deux a compté sur l'autre du tiers-détenteur ou de la caution? Nous croyons qu'ils devront perdre proportionnellement; on les mettra sur la même ligne comme deux cautions, le tiers-détenteur étant considéré comme tel pour la valeur de son immeuble.

Examinons maintenant la situation des tiers-détenteurs entre eux.

Sont-ils subrogés les uns contre les autres? L'affirmative était généralement admise dans l'ancien droit, malgré l'opinion contraire de Renusson; mais on discutait sur la question de savoir si le tiers-détenteur, qui avait payé, pouvait recourir contre les autres pour le tout, sa part contributive seulement déduite, ou s'il n'avait contre eux qu'un recours divisé en raison des portions par eux détenues des immeubles hypothéqués.

Cette dernière doctrine, qui était celle de Pothier, et qui était basée sur la crainte d'un circuit d'actions, paraît avoir fini par prévaloir.

Pour notre part, nous ne croyons pas qu'il y eût eu d'inconvénient à admettre un recours pour le tout de la part du tiers-détenteur, car chaque tiers-détenteur, recourant pour le tout contre un autre, étant obligé de déduire la valeur de son immeuble du montant de la dette, on serait forcément arrivé à une solution. La crainte d'un circuit d'actions était donc tout au moins exagérée.

Mais nous ne croyons pas non plus que le Code ait entendu consacrer ce système, car il y a un texte qui peut régir notre matière ; c'est l'art. 875. Sans doute il ne s'agit que d'héritiers, mais il n'y a pas de raison d'admettre une différence entre ce cas et le nôtre ; l'art. 875 a prévu l'hypothèse la plus ordinaire, celle du tiers-détenteur héritier.

Il faut donc répartir ici le fardeau de la dette comme la loi le fait entre cohéritiers, entre codébiteurs solidaires et entre cofidéjusseurs ; aucun texte ne s'y oppose et cela semble équitable, car il y a quelque chose de choquant à ce que parmi des tiers-détenteurs qui sont tous dans la même position, les uns soient plus favorisés que les autres.

Mais étant admis qu'il faut faire une répartition, quelle doit être la base de cette répartition ?

En principe, chacun des tiers-détenteurs devra payer en proportion de la valeur de son immeuble ; mais remarquons que si celui qui a un immeuble d'une valeur inférieure au montant de la dette doit évidemment payer moins que ceux dont l'immeuble est égal à ce montant, celui au contraire dont l'immeuble est d'une valeur supérieure devra être mis sur la même ligne que ceux dont l'immeuble égale le montant de la dette, car quelle que soit la valeur de l'immeuble, il n'est jamais tenu que pour la même somme.

Nous arrivons à l'explication de l'art. 1252. Cet article dispose que « la subrogation ne peut pas nuire au créancier lorsqu'il n'a été payé qu'en partie ; en ce cas il peut exercer ses droits pour ce qui lui reste dû, par préférence à celui dont il n'a reçu qu'un paiement partiel. »

La règle que la subrogation ne peut pas nuire au créancier, reproduction de la maxime *Nemo contra se subrogasse censetur*, est universellement approuvée; mais la conséquence qu'en tire l'art. 1252 en donnant préférence au créancier sur le subrogé pour partie, a été l'objet des plus vives attaques ; et on a prétendu qu'il eût été plus juste de placer le subrogeant et le subrogé sur la même ligne, en les admettant à partager la somme à distribuer au prorata de leurs créances respectives.

Ces critiques ne nous paraissent pas fondées, elles dérivent d'une fausse idée sur la nature de la subrogation ; quand on prétend que dans certains cas, l'application de l'art. 1252 produit ce résultat que la subrogation non-seulement ne nuit pas au subrogeant, mais lui profite, c'est qu'on se place dans l'hypothèse où le subrogeant n'aurait reçu aucun paiement, pas même partiel ; or, pour bien apprécier la pensée du législateur, il faut se placer au contraire dans l'hypothèse où le créancier aurait reçu son paiement soit du débiteur, soit d'un tiers sans subrogation. Or, un paiement partiel fait dans ces dernières conditions ne porte aucune atteinte à l'hypothèque qui reste entière pour la garantie de la portion de la dette non acquittée ; pourquoi en serait-il différemment quand c'est un tiers qui paie avec subrogation, et pourquoi le créancier souffrirait-il de la faveur qu'il a accordée au débiteur en consentant à recevoir un paiement partiel ? (Mourlon).

Prétendre, comme on l'a fait, que les droits du subrogeant et du subrogé sont identiques et doivent être mis sur la même ligne, c'est méconnaître le principe même de la subrogation, et la distinction importante que nous avons faite dans le premier chapitre entre elle et le transport-cession. Le cessionnaire a bien des droits identiques à ceux du cédant, mais le subrogé, qui a éteint la portion de dette qu'il a payée dans ses rapports avec le créancier, ne peut pas prétendre qu'elle existe encore à l'égard de ce créancier.

L'art. 1252, en donnant au subrogeant qui n'a reçu qu'un paiement partiel la préférence sur le subrogé, suppose qu'il existe au profit de ce créancier un droit de préférence résultant d'un privilège ou d'une hypothèque. Si la créance était purement chirographaire, le créancier ne pourrait pas, contrairement à l'art. 2093, se faire payer par préférence au tiers dont il n'a reçu qu'un paiement partiel, en se prévalant contre lui de la subrogation. Le tiers, en effet, peut, en faisant abstraction de la subrogation, se présenter comme créancier du débiteur, soit en vertu du prêt qu'il lui a fait, soit comme mandataire du *negotiorum gestor*. (MM. Aubry et Rau). Le subrogeant n'est pas fondé à se plaindre, car s'il doutait de la solvabilité de son débiteur, il a eu tort de ne pas se faire donner une cause de préférence, et il devait savoir qu'aux termes de l'art. 2093 : « Les biens du débiteur sont le gage commun de ses créanciers ; et le prix s'en distribue entre eux par contribution, à moins qu'il n'y ait entre les créanciers des causes légitimes de préférence. »

Nous trouvons d'ailleurs un argument décisif dans l'art. 544 du Code de commerce ainsi conçu : « Si le créancier porteur d'engagements solidaires entre le failli et d'autres coobligés a reçu, avant la faillite, un à-compte sur sa créance, il ne sera compris dans la masse que sous la déduction de cet à-compte, et conservera pour ce qui lui restera dû ses droits contre le coobligé ou la caution.

« Le coobligé ou la caution qui aura fait le paiement partiel sera compris dans la même masse pour tout ce qu'il aura payé à la décharge du failli. »

Nous croyons qu'il faudrait donner la même solution dans le cas où la dette chirographaire serait garantie par un cautionnement, et que le créancier ne pourrait pas se faire payer sur les biens de la caution par préférence au subrogé dont il aurait reçu un paiement partiel, car le subrogé est dans la même position que s'il avait fait à la caution elle-même un prêt destiné à payer une partie de la dette au créancier.

Le droit de préférence qui appartient au créancier payé partiellement est-il transmissible à un second subrogé ? En d'autres termes : celui qui a payé avec subrogation ce qui restait dû au créancier succède-t-il aux droits de ce dernier, de façon à pouvoir réclamer la même préférence contre ceux qui auraient été subrogés précédemment lors des paiements partiels ? Ce droit est-il au contraire personnel au créancier ?

La personnalité du droit du créancier, l'intransmissibilité de son droit de préférence au moyen d'une seconde subrogation était enseignée dans notre ancien droit par Renusson et par Pothier. Les rédacteurs du Code ayant reproduit les idées de Pothier dans l'article 1252, nous pensons qu'ils ont adopté le même système.

On a cependant soutenu que le droit de préférence devait passer au second subrogé ; c'est ainsi que M. Mourlon, par exemple, soutient que dès qu'on admet que la subrogation transmet au subrogé tous les droits du créancier, il n'y a pas de raison pour ne pas donner au second subrogé le droit de préférence qui appartenait au créancier sur le premier. M. Mourlon prétend encore que, s'il en était autrement, le second subrogé serait trompé par les articles 1250 et 1252 qui lui promettraient des garanties sans les lui donner.

Nous ne croyons pas que ces motifs soient décisifs, car l'unique motif de la préférence accordée au créancier sur le subrogé, c'est que la subrogation ne doit pas lui nuire ; or, si ce motif existe tant qu'il y a un reliquat à payer, il disparaît quand le créancier est payé entièrement ; la personne du créancier disparaît et avec lui le droit de préférence ; il ne reste plus que deux subrogés ayant des droits identiques.

Sans doute ce droit de préférence peut être transmis par voie de cession, rien ne s'y oppose et pas un auteur ne l'a soutenu, si ce n'est peut être Toullier qui ne s'exprime pas clairement sur ce point ; mais quand le créancier se borne à recevoir son paiement, le premier subrogé ne doit pas avoir moins de droits que le dernier.

Ajoutons qu'en présence de la controverse qui existe sur l'opportunité du droit de préférence consacré par l'art. 1252, on ne doit pas être facilement disposé à étendre l'application de cet article hors du cas qu'il détermine spécialement.

Ainsi quand plusieurs personnes ont été successivement subrogées dans des portions d'une seule et même créance, elles concourent entre elles en proportion de leurs créances, sans qu'on doive tenir compte ni de la date, ni de l'origine des subrogations.

Rémarquons enfin, sur le même art. 1252, que le droit de préférence qu'il donne au créancier ne lui appartient que pour ce qui lui reste dû sur la créance dont il n'a reçu qu'un paiement partiel et non pour ce qui pourrait lui être dû à d'autres titres. Il a été décidé en ce sens que la femme mariée, séparée judiciairement, qui, ayant des créances et reprises de plusieurs natures contre son mari, a reçu le remboursement de quelques-unes de ces créances, à l'aide de deniers prêtés par des tiers qui ont été subrogés à ses droits, n'est pas fondée à primer ces prêteurs en vertu de l'art. 1252, pour les autres créances qui lui sont dues. (Req. 27 nov. 1832, JG, Dalloz. Oblig. n° 1993.)

ARTICLE 159 DU CODE DE COMMERCE.

Les principes sur la subrogation légale sont applicables aux matières de commerce ; la subrogation est fondée avant tout sur l'équité, et les transactions commerciales sont régies plus encore que toutes autres par les lois de l'équité et de la bonne foi.

Le Code de Commerce contient même un cas tout spécial de subrogation légale, dans l'article 159 qui dispose que : « Celui qui paye une lettre de change par intervention est subrogé aux droits du porteur et tenu des mêmes devoirs pour les formalités à remplir. » Il faut en dire autant de celui qui paye par intervention un billet à ordre. (Art. 187, Com.)

En principe et d'après l'art. 1251, pour avoir droit à la subrogation quand on paye une dette, il faut en être tenu avec ou pour un autre. L'art. 159 contient donc une dérogation au droit commun ; cette dérogation a été faite dans le but de multiplier l'intervention et d'assurer ainsi le paiement des lettres de change ; elle était déjà admise par l'ordonnance de 1673.

Mais d'une part cette subrogation est soumise à certaines conditions et d'autre part, elle ne produit pas tous les effets de la subrogatiou légale ordinaire.

Elle est soumise à certaines conditions : pour que le tiers puisse ainsi acquérir les droits du porteur de la lettre de change, il faut qu'elle soit protestée ; sinon, point de subrogation.

Elle ne produit pas tous les effets de la subrogation légale ordinaire : ainsi par l'art. 159 celui qui paye par intervention n'est pas subrogé à tous les droits du porteur contre tous les endosseurs et le tireur, mais seulement aux droits qu'aurait eus celui pour lequel il paye ; paye-t-il pour un endosseur, il n'aura aucun droit à exercer contre les endosseurs subséquents et son paiement les libérera ; paye-t-il pour le tireur, il ne sera subrogé aux droits du porteur que contre le tireur lui-même et tous les endosseurs seront libérés.

Les signataires de la lettre de change, le tiré lui-même, pourvu qu'il n'ait pas accepté, peuvent payer par intervention.

Lorsque le paiement es tfait par l'un des coobligés, par exemple l'un des endosseurs, il n'est pas nécessaire qu'il y ait protêt préalable, car nous ne sommes plus ici dans l'exception consacrée en faveur d'un tiers étranger à la dette par l'art. 159 du Code de Com., mais bien sous l'empire du droit commun représenté par l'art. 1251, § 3.

Lorsqu'un jugement de condamnation est intervenu en faveur du porteur, il n'y a plus lieu à la subrogation en faveur d'un tiers payant par intervention, puisque l'intervention et le paiement doivent être constatés dans l'acte de protêt ou à la suite de cet acte. (Art. 158 Com.) Nous pensons donc qu'on ne doit pas admettre la décision de la Cour de Toulouse du 12 mai 1829, contredite d'ailleurs par un arrêt de la Cour de Paris du 12 avril précédent, contre lequel pourvoi fut formé et rejeté par la Cour de cassation le 20 juin 1832.

L'intervenant pourrait-il, au moyen d'une subrogation conventionnelle, se faire céder intégralement les actions du porteur, de manière à pouvoir agir contre les endosseurs postérieurs à celui pour lequel il est intervenu ? Nous croyons que l'art. 159 Com. s'y oppose ; mais il en serait différemment si le tiers se présentait non comme intervenant, dans l'intérêt de l'un des obligés, mais simplement comme cessionnaire des droits du créancier. Le même arrêt de la Cour de Paris, que nous venons de citer, a décidé en ce sens que la subrogation conférée par l'accepteur à celui qui lui avait prêté les fonds pour le payement de la lettre de change, avec les formalités prescrites par l'art. 1250, produisait son effet non-seulement contre cet accepteur, mais encore contre le tireur et l'endosseur, par application de l'art. 1252.

POSITIONS

DROIT ROMAIN.

Celui qui use du bénéfice *cedendarum actionum* ou du *jus offerendæ pecuniæ*, n'acquiert pas seulement les accessoires de la créance, mais la créance elle-même.

L'*actio utilis* accordée au débiteur solidaire qui a payé la dette était l'action même du créancier.

Le bénéfice de discussion accordé par Justinien n'a pas eu pour effet immédiat et direct d'accorder à ceux qui en jouissaient le droit de repousser le créancier, lorsqu'il s'est mis dans l'impossibilité de céder ses actions.

Le tiers-acquéreur qui, après avoir acheté sans le concours du premier créancier, a versé son prix entre ses mains, succède à son rang hypothécaire, mais sauf l'exercice du *jus offerendæ pecuniæ* par les créanciers postérieurs.

Lorsqu'un créancier a deux créances hypothécaires à des dates différentes, ou bien lorsque le troisième créancier a exercé le *jus offerendæ pecuniæ* vis-à-vis du premier, le créancier intermédiaire doit, pour être subrogé à la première créance, offrir le paiement de la seconde.

DROIT FRANÇAIS.

La subrogation transmet au subrogé la créance même du subrogeant.

L'intérêt du créancier à payer un créancier préférable n'est pas une condition nécessaire de la subrogation légale.

Lorsqu'un créancier à hypothèque générale se trouve en concours avec des créanciers à hypothèque spéciale, chacun de ces derniers ayant le droit de le payer avec subrogation, la subrogation appartient à celui qui paie le premier.

L'acquéreur, qui est en même temps créancier inscrit sur l'immeuble vendu, peut payer en la qualité qui lui convient, et préférer la subrogation résultant du § 1 de l'art. 1251 à celle qui résulte du § 2.

L'acquéreur ne peut pas cumuler le bénéfice de la subrogation et la purge.

La Compagnie d'Assurances sur l'Incendie qui indemnise le propriétaire devrait être considérée comme subrogée de plein droit à son action contre le locataire.

La caution de l'un des débiteurs solidaires, qui paie la dette, n'a de recours contre les autres débiteurs que pour leur part et portion.

La subrogation a lieu réciproquement entre le tiers-détenteur et la caution suivant la date de leur engagement.

Le mari peut, en prenant le consentement de la femme, faire valablement les donations entre-vifs des immeubles de la communauté, qui lui sont interdites par l'art. 1422.

Lorsqu'un défunt a laissé un aïeul, des frères et sœurs et un légataire universel, l'aïeul a droit à une réserve dans le cas où les frères et sœurs renonçent.

DROIT CRIMINEL.

Le mineur de seize ans déclaré avoir agi sans discernement ne peut être condamné aux frais.

PROCÉDURE CIVILE.

Les juges peuvent accorder des délais au débiteur poursuivi en vertu d'un titre exécutoire autre qu'un jugement.

DROIT COMMERCIAL.

L'autorisation de justice ne peut pas suppléer celle du mari pour permettre à la femme de devenir commerçante.

DROIT ADMINISTRATIF.

Les alluvions artificielles, qui sont le résultat prévu et immédiat de travaux exécutés par l'Etat ou ses concessionnaires sur une rivière navigable ou flottable, appartiennent à l'Etat.

DROIT INTERNATIONAL.

L'article 171 du Code civil qui prescrit la transcription sur les registres de l'Etat civil de France de l'acte de mariage du Français en pays étranger n'a point de sanction dans la loi.

Vu:

Le Président de la Thèse,

BAYEUX.

Le Doyen de la Faculté de Droit,

C. DEMOLOMBE.

Permis d'imprimer :

Le Recteur de l'Académie,

CH. CAPMAS.

TABLE DES MATIÈRES

DROIT ROMAIN.

Pages.

DROIT FRANÇAIS.

INTRODUCTION.

Pages.

Pages.

DEUXIÈME CAS.

De la subrogation légale au profit de l'acquéreur d'un immeuble qui emploie le prix de son acquisition au paiement des créanciers auxquels cet héritage était hypothéqué.

TROISIÈME CAS.

De la subrogation au profit de celui qui, étant tenu avec d'autres ou pour d'autres au paiement de la dette, avait intérêt de l'acquitter.

QUATRIÈME CAS.

De la subrogation légale au profit de l'héritier bénéficiaire qui a payé de ses deniers les dettes de la succession.

DES EFFETS DE LA SUBROGATION.

www.ingramcontent.com/pod-product-compliance
Ingram Content Group UK Ltd.
Pitfield, Milton Keynes, MK11 3LW, UK
UKHW022106190726
13855UKWH00002B/670

9 782013 037143